LA IGLESIA INTEGRAL

Restaurando **los cinco ministerios** en el Cuerpo de Cristo

Mariano Sennewald

Sennewald, Mariano
La iglesia integral: Restaurando los cinco ministerios en el Cuerpo de Cristo / Mariano Sennewald. - 1ra ed. - Tristán Suarez : Mariano Gastón Sennewald, 2022.
264 p.; 23 x 16 cm.

ISBN 978-987-88-5233-1

1. Ministerio Cristiano. 2. Iglesia Cristiana. I. Título.
CDD 262.8
Diseño gráfico: Florencia Cáceres
Corrección: Adriana Coppola
Maquetación: Lic. Marian Quisle
Distribución y pedidos por mayor: editorial@misioninstituto.com

CONTENIDOS

DEDICATORIA

Escribí este libro teniendo en mi mente al ejército de hijos de Dios que serán protagonistas del avivamiento anunciado en la Biblia para los últimos tiempos. Ha habido grandes y pequeñas reformas en la historia del cristianismo. Algunas han sido muy conocidas y otras anónimas, pero todas fueron promovidas en cada generación por un remanente de personas con celo por los diseños originales y bíblicos de la iglesia. La palabra "reforma", tiene que ver con volver a llevar algo a la idea original de quien lo creó.

Está profetizado que a medida que se acerca el día de Jesucristo, el que comenzó la buena obra llamada iglesia la perfeccionará hasta su plenitud. Hoy vemos muchas fallas en este diseño a nivel global, pero está escrito que Dios traerá una reforma en la que será restaurado a medida se acerca ese glorioso día. Ni las fuerzas de las tinieblas, ni los enemigos de Dios, ni los mismos cristianos, ni nadie, podrán detener este propósito divino. Esta restauración no será realizada por un referente famoso o ministro itinerante, sino por comunidades de discípulos fieles y humildes dispuestos a dar su vida por el boceto original.

Creo humildemente que este libro puede ser un pequeño aporte a este gran propósito para el cual Dios está reclutando a muchos alrededor del mundo. Dios está despertando innumerables voces claves para llevar a cabo esta revolución, y cada una tiene un lugar determinante en esta ecuación cuyo resultado será que toda la gloria se la lleve el Señor. No creo para nada que este escrito contenga todo lo que la iglesia necesita hacer para experimentar esta reforma, sino que lo considero una pieza más de un gran rompecabezas que entre todos necesitamos armar. Sé que es solo un granito de arena, pero es el que me toca poner en esta gran playa que está esperando las olas de su gloria que llenarán toda la tierra como las aguas cubren el mar. Dios sigue usando nuestros pequeños aportes, que entregamos con corazón agradecido y temeroso de Él, para alimentar a miles.

Más que palabras elocuentes, necesitamos personas que vivan cada día estos principios de reforma en comunidad. Creo que discípulos simples, llenos del Espíritu Santo, como fue el modelo de la iglesia primitiva, manifestarán con fidelidad la idea de Dios de lo que es una iglesia integral.

Quiero dedicar este libro:

A congregaciones locales que estén dispuestas a llevar a cabo este plan bíblico de lo que es la iglesia.

A los que están dispuestos a dar su vida para que la idea que Jesús inauguró hace dos mil años alcance su mayor manifestación.

A los que sirven cada semana en sus comunidades, entendiendo que esta es la forma que Dios estableció para que avance el reino.

A los que concuerdan que nada podrá frenar ni detener la edificación cuyo Arquitecto ha sido Jesús.

A los que han elegido el camino de la obediencia negando su comodidad y deciden cada día tomar su cruz para cumplir la voluntad de Dios.

A estos defensores del Cuerpo, amigos del Novio, servidores incesantes y humildes hombres y mujeres de oración.

A los que darán su vida para que en la tierra se vuelva a ver, una ***iglesia gloriosa e integral****.*

AGRADECIMIENTOS

Este libro ha sido el fruto de un gran trabajo en equipo. Estoy convencido que no es un logro personal, sino de toda la familia de MiSion.

Hemos enseñado este tema por años y procurado desarrollar los cinco ministerios como cultura personal y comunitaria. Los resultados han sido tan asombrosos; el mover del Espíritu Santo, abrumador; y el avance, notorio. Cuando un escrito nace como consecuencia de lo que una comunidad ha experimentado, es imposible no reconocer que es un éxito de todos. Por eso quiero agradecer y honrar principalmente a todo el ministerio MiSion. Ver las características de Jesús en cada uno de ustedes ha sido como leer un libro por años que me inspiró a resumirlo en este. Siempre estaré agradecido a Dios por haberme hecho parte de este gran hogar y creo que las mejores páginas las escribiremos en los próximos años.

De todos los que han sido claves en el proceso de esta obra, necesito destacar algunas personas. Yanina Rossi, es tan invaluable tu aporte, servicio y compromiso con el reino y con mi vida, que mi esperanza es saber que Dios es justo para recompensar cada acto que has realizado por amor a Él. Si este libro es una realidad, en gran parte ha sido por tu incesante trabajo y fe, qué gozo saber que miles son bendecidos por tu esfuerzo en lo secreto. Adriana Coppola, cuántas horas hemos pasado de corrección y edición, procurando decir cada frase de manera que los corazones perciban la voz de Dios al leer. Gracias por tu excelencia, actitud y gozo constante que me han dado el ánimo y fuerzas para continuar cuando estas faltaban. Flor Cáceres, soy un gran admirador de tus diseños, gracias por traducir con tanta excelencia en imágenes lo que Dios nos susurra con palabras. Y a muchos del equipo que han colaborado dando devoluciones, comentarios y correcciones. ¡Gracias!

A mi iglesia "El Encuentro", todo el equipo pastoral y de liderazgo, porque muchos de los principios enseñados aquí los he aprendido en nuestra amada congregación. Me emociona saber que nuestra casa se está convirtiendo en un ejemplo de iglesia integral para las naciones. Verdaderamente, como dice nuestro pastor: ¡Dios ha sido un exagerado con nosotros!

A mis amigos y compañeros de batalla de siempre, (no hace falta nombrarlos) seguimos sumando años y cicatrices sirviendo juntos, pero cada día más cerca de la meta de verlo cara a cara. ¡Siempre vale la pena!

A mis padres (y pastores), Jorge y Graciela, la mayor herencia que me han dejado es amar la iglesia y el reino. Un día cobrarán dimensión de lo que su decisión de fe ha desatado en miles de vidas en el mundo a través de sus generaciones. Gracias porque no me enseñaron con palabras, sino con sus vidas. Son mi mayor ejemplo. ¡Gracias por tanto!

A mis hijas Conie y Cata, son la mayor expresión del amor, misericordia diaria y creatividad de Dios que tengo. Él ha coronado mi vida con ustedes, son mi aliento diario e inspiración constante. Con mamá solo estamos preparando los cimientos de lo que ustedes edificarán y multiplicarán.

A mi amada esposa, literalmente sin tu apoyo incondicional ni este libro ni nada de lo que llevamos a cabo podría ser posible. Solo cuando me miraste hace unos meses y dijiste que tenía que sacar este mensaje pronto ya que el Cuerpo de Cristo lo necesitaba, entendí que era Dios hablándome. Gracias por nunca cansarte de creer en lo que Dios nos dio, por cubrirme, ayudarme y alentarme. Tu recompensa será inmensa, gracias por sostener esta casa tan sana y plena mientras libramos mil batallas. Te amo como no creí que se podía amar a alguien.

Por último, toda gloria, honra, gratitud y honor al Único que es capaz de tomar una vida tan limitada y simple como la mía y confiarle estos secretos y sabiduría. Realmente nunca entenderé tu gracia tan abundante. Creo que la verdadera felicidad, éxito y prosperidad, es poder experimentarte todos los días. Gracias por no haber desistido de mí cuando yo habría desistido, por haberme elegido cuando yo no me habría elegido, y por hacer a través de mí lo que yo nunca podría hacer. Enséñame a nunca caer de esta gracia. Si estos cinco panes y dos peces que son este escrito, alimentarán muchas vidas, es otra de las obras sobrenaturales que solo tú puedes realizar.

Te amo, y como un hijo que le regala un dibujo a su papá, te ofrendo esta obra.

PRÓLOGO

Por Maximiliano Gianfelici

Hay una cita en el libro *Los milagros* de uno de mis escritores favoritos, C. S. Lewis, que dice: "Creemos que el sol está en el cielo al mediodía no porque podemos verlo claramente, sino porque vemos todas las demás cosas". Como nunca antes, el entendimiento al que hemos sido introducidos por la revelación de la Palabra de Dios nos permite observar todo con otra nitidez.

Comparto una amistad profunda con Mariano y reconozco en él una voz que ha clamado en el desierto durante mucho tiempo para traer claridad a la vida de la iglesia. Nos condujo hacia una profunda intimidad con Dios, como la fuente de todo. En esta última temporada nos trajo luz fresca y precisa acerca de los últimos tiempos. Y esta obra, *La iglesia integral* es la pieza clave de reforma para conectar lo que nace en la intimidad y nos hace alcanzar ese destino glorioso.

Hoy entendemos que sabíamos mucho del Jesús que era, algo más del que es, pero muy poco del que ha de venir. El aumento del conocimiento que el Espíritu está trayendo de este último aspecto, nos impulsa a una responsabilidad mayor en cuanto a la labor de construir el reino de los cielos en la tierra. Así como comprendimos que la revelación teológica de nuestro Dios es dinámica mostrándose como el que fue, el que es y el que ha de venir, inevitablemente su Cuerpo, que es la iglesia, se abre paso hacia la misma transición. Una iglesia *fue* la que caminó en el poder de su primera venida siglos después que Él resucitó, llena del Espíritu Santo. Una *que es* en medio de un mundo en caos, de pandemia y señales cumplidas, que se prepara para predicar el evangelio hasta lo último de la tierra. Pero también una que *es la que viene*, que se posiciona para recibir a Jesús, quien reinará con nosotros por siempre.

A lo largo de las décadas y de la historia, la teología de los últimos tiempos ha hecho que la iglesia adquiera diferentes perfiles, algunas veces teñida por ciertos velos, otras por miedos, o simplemente porque era la revelación que le tocaba afrontar en ese momento. Hoy el Sol de justicia brilla con mucha fuerza y esa luz es tan evidente frente a las señales cumplidas y a la claridad de la Palabra del Señor, que la iglesia se levanta con una responsabilidad mayor. Esta la impulsa a adquirir la forma de un Cuerpo sano que anuncie como testimonio que Jesús es el Rey, el Señor, y que viene pronto físicamente para establecer su reino eterno.

En ese contexto y en medio de un sistema perverso y totalmente influenciado por un espíritu contrario a los valores de Cristo, donde las ideologías atacan los principios más fundamentales y el amor de muchos tiende a enfriarse, la precisión de la Palabra nos activa y nos da la oportunidad de construir una iglesia sana, conforme al corazón de Dios.

Ya no tenemos a la iglesia como un vehículo para escaparnos de este mundo malvado, sino como un medio para colaborar con la misión de Dios de rescatarlo de la esclavitud de la corrupción a su gloriosa libertad y reinar con Él para siempre. Esto inevitablemente nos obliga a establecernos de manera sana, entendiendo que hay ciertas cosas que no considerábamos como vitales pero que hoy son fundamentales, tales como las relaciones, los vínculos, la profundidad en la adoración, en los encuentros permanentes con Dios, transformando a la iglesia en una casa de oración 24/7, pero también anclándola en la roca que es Cristo, impactando a la comunidad para producir transformación social.

Por eso nos enfrentamos al desafío de edificar a la iglesia para Aquel que ha de venir, y para ello necesitamos una revelación fresca de cuáles son las herramientas necesarias para su desarrollo. Hoy, al pararnos frente a esta realidad, viendo a la iglesia de manera integral, es fundamental la labor de los cinco ministerios como uno solo, como un Cuerpo que refleja el carácter de Jesús de manera contundente. No como una iglesia que solo da una defensa apologética de su fe, sino que muestra en todo lo que hace, a Aquel que la posee. Consideramos que en este tiempo una iglesia integral es posible, esa iglesia con espíritu apostólico, que trasciende las barreras y las limitaciones buscando nuevos lugares y espacios, entendiendo que no solo las naciones son su ámbito misionero, sino que áreas como la política, el arte, la cultura y la educación necesariamente deben ser invadidos y llenos de la gloria de Dios para que todos lo conozcan.

Una iglesia con una fuerte impronta pastoral, en un mundo de caos que no tiene refugio para nadie, que conduce a la gente a través de ese carácter maravilloso de nuestro Maestro para ampararla, sanarla y enviarla. Una iglesia afirmada en la profunda enseñanza de Jesús que se refleja en una claridad, no solo legible para algunos, sino que está al alcance también del primer converso. Una iglesia profética que entiende el camino, que ve la profundidad, que discierne con nitidez lo que ha de venir preparándose para ser vista a los ciegos. Y finalmente una iglesia evangelística que entiende que su misión es revelar a Jesús hasta el último rincón del mundo.

Quizás lo que antes nos parecía una locura hoy no lo es, porque nos enfrentamos al mayor reto que es manifestar a Cristo siendo testigos hasta los confines de la tierra, pero no solo como alguien que anuncia individualmente, sino que se constituye en un Cuerpo sano, que testifica día a día de quién es el Señor Jesús. Entendemos más que nunca que somos iglesia, adquiriendo las herramientas para construir y hacer la obra de Dios de manera integral y plena.

Es muy importante el libro que hoy llega a nuestras manos porque no solo es el conocimiento práctico y adquirido, sino que es una revelación profunda que se convierte en un cincel para darle forma a la iglesia que reinará con Jesús para siempre. De repente nos encontramos con esta idea "que es posible una iglesia integral, sana, profunda, evangelística, apostólica y llena del poder de Dios" descubriendo que somos parte de un avivamiento orgánico y sustentable, que nace de la misma iglesia impactando hacia adentro pero sobre todo hacia afuera.

Uno de los grandes desafíos es romper con una de las mentiras que Satanás ha enquistado en el corazón de la gente, produciendo un falso testimonio de quién es Jesús a causa del mal ejemplo que muchas veces la iglesia de Cristo ha dado. El reto es que esta generación ame el Cuerpo de Cristo reflejando su amor a través de cada acción.

Necesitamos que las personas vean la profundidad de la conversión real y el testimonio de gente apasionada, que habiendo sido alcanzados por el amor de Jesús viven esa realidad todos los días revelando a Cristo, donde los abusos que la religión ha perpetrado quedan opacados frente al amor sincero y cotidiano de una iglesia gloriosa.

Te desafío no solo a leer este libro, sino a absorberlo, aplicarlo y tomarlo como un instrumento para que juntos empecemos a darle forma a la iglesia que reinará con Jesús por la eternidad.

Pastor Maximiliano Gianfelici

Iglesia Centro de Alabanza, Rawson, Argentina

La iglesia integral

INTRODUCCIÓN

Restaurando los cinco ministerios en el Cuerpo de Cristo

Jesús tomó a sus discípulos y los llevó a la ciudad más pagana del momento: Cesarea de Filipo. Tanto en el Antiguo Testamento como en el Nuevo, este lugar fue el epicentro de diferentes cultos paganos. Los romanos utilizaban la zona para venerar a sus dioses. Orgías, hechicerías, sacrificios humanos e idolatría se habían respirado en aquella atmósfera durante siglos. En ese sitio había una cueva tan profunda que la gente de esa época pensaba que no tenía fondo. La caverna era tan impresionante que la consideraban la entrada al infierno y por eso la llamaban "las puertas del Hades". La región era considerada por los judíos como el área más pecaminosa, ya que fue el centro de culto a distintos dioses.

Sin embargo, el Hijo de Dios eligió este escenario para realizar una de las declaraciones más trascendentes de todos los tiempos. Escogió el lugar más oscuro del momento, para revelar la idea más gloriosa de la historia. Como un diamante que brilla sobre un paño oscuro, en ese sitio tenebroso Jesús anunció a sus discípulos que llevaría a cabo una construcción que sería imparable por los siguientes siglos: ***LA IGLESIA***.

"Escogió el lugar más oscuro del momento, para revelar la idea más gloriosa de la historia"

"Y yo también te digo, que tú eres Pedro, y sobre esta roca ***edificaré mi iglesia****; y* ***las puertas del Hades*** *no prevalecerán contra ella".*

Mateo 16:18

(énfasis añadido por el autor)

¿Puedes imaginarte el impacto de los discípulos ante estas palabras? Ellos habían dejado todo por estar cerca de Jesús. Su expectativa era seguir a este líder carismático y poderoso al cumplimiento de las profecías mesiánicas de la restauración de Israel. Sin embargo, en esa misma conversación, Jesús les dice: *Voy a ir a Jerusalén, seré entregado y crucificado. La revolución que viene no será conmigo físicamente aquí. Tengo una idea mejor, un movimiento que sacudirá el mundo y cambiará la historia. Una comunidad global de hijos de Dios que remecerán las naciones:* ***LA IGLESIA****.*

El Pastor eterno lleva a los suyos hasta "las puertas del infierno" para fundar la iglesia. En esa cueva muchos cristianos serían sacrificados durante las siguientes décadas. Sin embargo, la declaración de Jesús acerca de que las puertas del Hades no prevalecerían contra la iglesia, fueron tan exactas que todo intento del reino de las tinieblas por detener esta obra sobrenatural, solo logró impulsarla, fortalecerla y multiplicarla.

Yo creo que ese día los discípulos no entendieron la dimensión de lo que estaba sucediendo. No captaron la magnitud de lo que comenzaba allí. Dos mil años después podemos evidenciar que la iglesia es el diseño de Dios para manifestar su reino en el mundo. Es una idea tan sagrada y poderosa, que ni siquiera los errores del ser humano a través de los siglos pudieron frenarla. Ni el infierno, ni los enemigos, ni los ateos, ni los mismos religiosos, pudieron detener este movimiento. Y hoy, la *"Cesarea de Filipo moderna"*, sigue sin poder prevalecer contra la iglesia. En medio de la oscuridad actual, más que nunca, necesitamos volver a esa escena original, y recordar que fue Jesús quien diseñó esta obra arquitectónica espiritual con el potencial de sacudir la tierra y debilitar el infierno.

Dios prometió perfeccionar esta obra hasta el día de Jesucristo. Cuanto más nos acercamos al momento glorioso en que volveremos a ver al Hijo de Dios físicamente en la tierra, el Padre incrementa más su compromiso de restauración de la iglesia. ¿Estás dispuesto a colaborar con lo que Dios quiere hacer? Él está reclutando un ejército de obreros que participarán del avivamiento prometido para los últimos tiempos. No será el despertar de algunos individuos poderosos o ministerios itinerantes, sino la manifestación de la iglesia gloriosa.

La pregunta que debemos hacernos no es si la iglesia funciona o no, sino si la forma en que la llevamos a cabo es la que Dios pensó cuando la fundó.

Él eligió un diseño para perfeccionar a los santos y establecer una iglesia sólida e integral. Esta construcción tiene cinco columnas que son vitales y claves, que debemos fortalecer, apuntalar y desarrollar si queremos ver la idea del gran Constructor desarrollarse en plenitud. En este libro repasaremos los planos originales y evaluaremos cuán lejos o cerca estamos del diseño maestro. Estas cinco áreas que estudiaremos en profundidad son las herramientas principales que Dios nos dejó a todos los que queremos edificar su obra en la tierra. Si somos fieles a este formato, haremos que la iglesia vuelva a brillar en todo su esplendor. A la vez, estos principios son vitales para la vida personal de cada creyente que anhela experimentar el verdadero cristianismo. Son características de Jesús que pueden y deben vivir en lo cotidiano, tanto de forma individual como comunitaria. A medida que transitamos los últimos tiempos, este diseño cobrará una relevancia inmensurable.

Los cinco pilares de la iglesia integral que estudiaremos en este libro, son:

› Columna pastoral ~ *El carácter de Cristo*
› Columna bíblica ~ *La sabiduría de Cristo*
› Columna profética ~ *La sensibilidad y pasión de Cristo*
› Columna evangelística ~ *La compasión de Cristo*
› Columna apostólica ~ *La madurez de Cristo*

Si estas cinco áreas están activas en cada congregación, la Biblia nos enseña que los frutos serán contundentes y evidentes. Podemos seguir discutiendo por décadas qué clase de características tiene la iglesia que viene, o podemos ir a consultar los planos de quien la diseñó. La iglesia no falla, solo necesitamos volver a la idea original. Jesús comenzó a edificarla, cimentó las columnas, y hoy está comprometido a perfeccionarla antes de su regreso. Estamos a las vísperas de un avivamiento pastoral, bíblico, evangelístico, profético y apostólico en la iglesia mundial, y si tienes este libro en tu mano, Dios va a comenzar a hacerlo contigo.

"La iglesia no falla, solo necesitamos volver a la idea original"

Quiero invitarte a estudiar en profundidad, la multiforme expresión de estas áreas. Aquí tenemos el molde para formar a Cristo en una vida. Pablo enseña que estas columnas restauradas en la iglesia harán que la fe crezca, el conocimiento del Hijo de Dios llegue a su mayor manifestación, y se vea una comunidad de creyentes formada a la medida de la estatura de la plenitud de Cristo. Aprenderás cómo desarrollar estas características en tu ser, en tu hacer cotidiano, en tu familia y comunidad. Comprobarás que este diseño es transversal y puede ser vivido por niños, adolescentes, jóvenes, adultos y ancianos.

A veces vemos estos cinco ministerios como realidades inalcanzables o como algunos seres escogidos con una unción especial. Sin embargo quisiera que me permitas mostrarte que estamos hablando de una realidad imprescindible que todo creyente puede experimentar. Hay niveles de estos cinco ministerios que no solo son aplicables para todos, sino que son determinantes si quieres vivir la plenitud del evangelio. Se han levantado muchos paradigmas sobre estos asuntos, pero quiero invitarte a vivir los cinco ministerios en la vida cotidiana. ¿Cómo crecer pastoralmente en el carácter de Cristo? ¿Cómo activar el área bíblica en la vida personal? ¿Cómo aprender a escuchar a Dios y sensibilizar los sentidos espirituales a su realidad? ¿Cómo ser más compasivo con el prójimo estableciendo un canal para la manifestación sobrenatural del Espíritu Santo? ¿Cómo desarrollar madurez espiritual apostólica? Intentaré responder estas preguntas en las páginas de este escrito, y me emociona saber que te volverás a enamorar del plan eterno de Dios llamado iglesia.

Hemos visto un mal uso de estas áreas en el Cuerpo de Cristo que han cerrado muchos corazones a este diseño divino. Pero necesitamos comprender que la solución para el mal uso, no es el desuso, sino el correcto uso. Es tiempo de volver a la fuente y restaurar la versión original de cada uno de estos ministerios. Desarrollarlos de la manera bíblica y correcta, hará que los prejuicios y excusas se deshagan ante la gloria de esta idea poderosa capaz de sacudir el infierno.

La visión que me llevó a escribir este libro es que en medio de la oscuridad y confusión de las naciones, la iglesia brillará en dimensiones de gloria sin precedentes antes de la segunda venida de Cristo. Los tiempos más oscuros profetizados en la Palabra, serán eclipsados por la luz de una iglesia que se levantará según el diseño original. La *"Cesarea de Filipo moderna"* llamada también *"Babilonia espiritual"*, que está operando en todas las naciones, tendrá que doblegarse ante el poder de la Novia guerrera del Cordero, que se está levantando. Un ejército de cristianos viviendo en la plenitud del evangelio, harán temblar "las puertas del Hades". Puedo ver a la iglesia volver a las obras primeras, a las raíces antiguas, al diseño original. En los próximos años se verá la mejor versión de la iglesia y una expresión del cristianismo que sacudirá las naciones y traerá nuevamente a Jesucristo a la tierra. Has sido reclutado para este propósito. Eres parte de este ejército. ¿Estás listo para vivir el verdadero cristianismo? ¿Estás preparado para redescubrir la gloria de la iglesia? ¿Estás dispuesto a ser parte del avivamiento que Dios producirá en medio de este tiempo? Es tiempo de restaurar ***LA IGLESIA INTEGRAL***.

Capítulo 1

VERDADERO CRISTIANISMO

Capítulo 1

VERDADERO CRISTIANISMO

Quisiera hablarte de una iglesia que es asombrosa. Me gustaría que puedas visualizarla en tu mente mientras te la describo. Es una comunidad de fe donde todos adoran juntos, caminan cerca y pelean las batallas cotidianas codo a codo. Son un grupo de hombres y mujeres que lloran y ríen mirándose a los ojos. Han aprendido a ser una familia espiritual y se honran continuamente. Cuando uno está en apuros, todos van en su ayuda. Pareciera que están dispuestos a dar su vida unos por otros. Honran a las autoridades espirituales establecidas y disfrutan de la comunión entre ellos. Fortalecen y apoyan de manera especial a los más nuevos y débiles en la fe. Cuando están en medio de sus responsabilidades cotidianas, no ven la hora de que llegue el momento de volverse a encontrar. Son rápidos para perdonarse ante los pleitos, aunque sinceramente la mayoría parece que ha desarrollado la habilidad de ser inofendibles. Cuando caminas cerca de alguno de ellos, te sientes tan atraído que emerge un deseo de querer pertenecer allí.

Algo que me llama la atención es su ardiente celo por las Escrituras. No comparten la Palabra desde una perspectiva religiosa, fría y condenatoria. Cuando leen versículos lo hacen con lágrimas en los ojos y fuego en el corazón. No podrás tener una charla con ellos sin identificar principios bíblicos detrás de cada decisión, plan y actitud que toman. Es como si la Palabra cobrara vida cuando estás en esta comunidad. En cada parte de las Escrituras encuentran a Cristo, y otros tesoros que pocos descubren. De hecho te dan ganas de llegar a casa y abrir tu Biblia luego de escucharlos. Es hermoso verlos adorar a veces con los brazos hacia el cielo, pero en otras ocasiones con la Biblia en las manos. Cuando predican parece que el tiempo vuela y no deseas que termine. Te sientes confrontado pero a la vez convencido y atraído a Jesús.

Déjame hablarte de sus reuniones espirituales. Consisten en poderosos tiempos de manifestación de la Presencia de Dios. Son adoradores e intercesores apasionados. En esos momentos de búsqueda espiritual fluyen las profecías, existe una llamativa percepción de Dios entre ellos. No adoran como si Él no estuviera en la habitación, sino como viendo al Invisible. ¿Alguna vez has sentido que alguien te estaba mirando aunque tú no lo veías? Esa es la sensación que reina allí, pero ese "alguien" es el Padre, y experimentas la convicción de que su mirada está fija en ti. Percibes a Dios en la adoración, en las oraciones, a través de las palabras que alguien se acerca y te dice. Aun los que todavía no han sido salvos, experimentan esta realidad y caen postrados reconociendo que Dios está allí. ¡Es maravilloso! Ver personas incrédulas ser atraídas y abrazadas por la Presencia sobrenatural de Dios produce conversiones sólidas como no he visto en otros lugares. No puedes estar allí y dudar de que Dios está vivo y es real.

Hablando de esto, me asombra la cantidad de gente que se convierte cada semana. Es tan visible la mano de Dios, que multitudes le rinden el corazón regularmente. Los enfermos son sanados, los endemoniados liberados y los pródigos vuelven a la casa del Padre. Me encanta ver a todos orando unos por otros. Existe una empatía y compasión con los más pobres como no he visto en casi ningún lugar. En la ciudad, cada vez que alguien encuentra un indigente, enfermo o necesitado en cualquier área, lo envían allí. Los ves en el templo, pero también en las calles. Están en plazas y hospitales. Ayudan a los más débiles, y no hablo solo de cosas materiales sino, sobre todo, de necesidades del alma y del espíritu. Sus muchas responsabilidades no los desconectan del sufrimiento ajeno sino por el contrario, parece que pueden captar todas las carencias que suceden a su alrededor. Están donde está el dolor.

Un último punto que me llama mucho la atención de esta iglesia es su conexión con los planes globales de Dios. Cada semana interceden por las naciones y enseñan sobre el plan completo de Dios para toda la tierra. Envían y apoyan misioneros, los sostienen económica y espiritualmente. Abren nuevas iglesias tanto en zonas cercanas como en lugares recónditos de la tierra. Se enfocan en que esas nuevas obras repliquen las columnas que he descrito antes, que para ellos son innegociables. Capacitan obreros y los respaldan al realizar la obra. Son integrales en el diseño y las enseñanzas. Hablan misterios profundos con una sabiduría impresionante de modo que cualquier persona pueda entender y replicar. Enseñan acerca de las dinámicas de los últimos tiempos de una manera tan práctica que las personas no solo entienden lo que viene sino que se sienten llamados a preparar el camino para que todo lo que está escrito suceda.

Entonces, mi conclusión final, es que son una iglesia donde fluyen las dinámicas pastoral, bíblica, profética, evangelística y apostólica, de forma orgánica y coordinada. Si pudiera poner todo esto en una palabra sería madurez. Son integrales y maduros, y replican estas virtudes en todos. Son una comunidad de discípulos que se parecen mucho a Cristo. En la ciudad no los llaman ni religiosos ni evangélicos. Los identifican de una manera que nunca antes alguien había usado para referirse a una comunidad de fe:

"...y a los discípulos se les ***llamó cristianos por primera vez en Antioquía****".*

Hechos 11:26

(énfasis añadido por el autor)

¡Sí, lo has descubierto! Estoy describiendo a una iglesia real que funcionó en Antioquía en el primer siglo. He puesto en mis palabras, lo que leo sobre ellos en las Escrituras. Más adelante estudiaremos las dinámicas de este lugar en detalle, pero este es un ejemplo de una comunidad que, desarrollando los cinco ministerios, vive el verdadero cristianismo y manifiesta el propósito del evangelio.

El propósito del evangelio

Uno de los principales propósitos del evangelio es revelar a Jesús a través de personas. Que Cristo sea visto en cada creyente es la meta sagrada del cristianismo y por lo tanto de la iglesia. Una cosa es creer en Jesucristo y otra es que Cristo sea formado en una vida y manifestado a través de esta. Hasta los demonios creen y tiemblan ante Él [1], pero ellos no son cristianos. Creer no alcanza, el cristianismo es mucho más que eso. Cuando uno vive el evangelio integral, el fruto final es Jesús formado en vidas humanas. De esta manera, la gente ve personas ordinarias llenas de Cristo, y los llaman "cristianos". Esto fue lo que sucedió en la iglesia primitiva de Antioquía. Las personas de la ciudad comenzaron a ver a Cristo en aquella comunidad de fe. Entonces los llamaron "cristianos" por primera vez. ¿Cuál sería la dinámica que ellos vivían para llamarlos así? Una de las definiciones de la palabra "cristiano" es "pequeño Cristo". Por mucho tiempo nos hemos conformado con solo exponer nuestras creencias. Sin embargo, el apóstol Pablo, que fue uno de quienes experimentaron el avivamiento de Antioquía, mostraba constantemente la verdadera meta del evangelio, que Cristo sea formado en cada vida.

"Hijitos míos, por quienes vuelvo a sufrir dolores de parto, ***hasta que Cristo sea formado en vosotros****".*

Gálatas 4:19

(énfasis añadido por el autor)

El verdadero cristianismo es mucho más que creer en Jesús, es dejar que la obra reformadora del Espíritu Santo produzca la formación de todos los aspectos de Cristo en una persona. ¿Cómo alcanzar esta meta tan alta? Ese será el tema de este libro. Dios no está en el asunto de llenar los templos de personas, sino de llenar a las personas de Cristo. El éxito de la iglesia no son auditorios llenos, sino vidas saturadas de Jesús. No hay mayor tragedia que ver edificios llenos de almas vacías de Cristo. El Señor murió y resucitó para saturar a la gente de Jesús. No se puede vivir la plenitud del evangelio si no estamos llenos de Él. Esto eleva la vara a otro nivel. La obra redentora no es solamente liberar a la gente del infierno, sino transformarlos a la imagen del Hijo. El primer paso del evangelio es rescatarlos de la condenación, pero ese es solo el comienzo. El discipulado planteado en la gran comisión, tiene como meta final la formación de la imagen de Jesucristo en cada creyente.

"Dios no está en el asunto de llenar los templos de personas, sino de llenar a las personas de Cristo"

"Pues Dios conoció a los suyos de antemano y ***los eligió para que llegaran a ser como su Hijo****, a fin de que su Hijo fuera el hijo mayor de muchos hermanos".*

Romanos 8:29, NTV

(énfasis añadido por el autor)

Nuestra transformación a la imagen de Cristo es la mayor meta del cristianismo. Y la buena noticia es que un día seremos semejantes a

Él[2]. Cristo dejó de ser el unigénito de Dios para transformarse en el primogénito de muchos hermanos. Jesús nos abrió el camino para que lleguemos a ser como Él. Ningún cristiano debería conformarse con menos que esto. Medita en esta declaración: *Dios nos eligió para que llegásemos a ser como su Hijo, a fin de que su Hijo fuera el hijo mayor de muchos hermanos.* Imagina lo que sucedería, si cada creyente aceptara la meta sagrada del evangelio, de llegar a ser como Cristo. El infierno estaría siendo sacudido en las naciones. Esta fue la idea original de Jesús. La falsa religión vino a sustituir este objetivo. Dejó que nos conformemos con una lista interminable de declaraciones que no vivimos. Nos contentamos con un letrero encima de cada templo que diga "iglesia cristiana". Sin embargo perdimos la esencia del verdadero cristianismo: *que Cristo sea formado en cada creyente.*

"Nuestra transformación a la imagen de Cristo es la mayor meta del cristianismo"

Quisiera preguntarte: ¿Cuánto de Cristo reconoces que ha sido formado en tu vida? ¿Cuánto de su naturaleza es visto y reconocido por otros? ¿Cuándo fue la última vez que alguien te dijo: *cuando te veo, veo a Cristo en ti?* Creo que al responder estas preguntas, comienzas a tener un diagnóstico para saber si estás viviendo el verdadero evangelio o no. No hay forma de vivir el diseño original de Cristo para la iglesia y que la consecuencia no sea Cristo formado en las vidas y visto por todos. Si te sientes frustrado ante tan grandes preguntas, hay esperanza. Es la realidad de la mayoría de nosotros. Por esta razón necesitamos activar los cinco ministerios en nuestra vida cotidiana, ya que son las herramientas que Dios nos ha dejado para que Cristo sea formado en la vida de los creyentes. Hay niveles personales de estas dinámicas, pero se potencian cuando las vivimos como comunidad. No lo podemos alcanzar individualmente, sino cuando comenzamos a funcionar como un Cuerpo en el diseño original. Y esto es lo que sucedía en la iglesia de Antioquía.

El modelo de Antioquía

Antioquía fue la primera iglesia gentil y fue allí donde Pablo dio sus primeros pasos como creyente. No era la iglesia de Jerusalén, que era una especie de congregación madre o principal. Recuerda que en aquel momento, la iglesia primitiva estaba compuesta por judíos convertidos que profesaban su devoción a Cristo. El evangelio comenzó a extenderse para alcanzar a los gentiles y Antioquía fue la primera congregación no judía de la historia. Allí los cristianos comenzaron a vivir una fe genuina y un hambre por Dios intensa. Las dinámicas que desarrollaron lograron que a los creyentes se los llame cristianos por primera vez allí. Fue la base misionera del ministerio de Pablo y de muchos otros en el primer siglo.

Como describí al principio del capítulo, la Palabra de Dios fluía en abundancia en esta iglesia[3]. Había profetas y maestros. También evangelistas y apóstoles. El discipulado estaba activo. Sin dudas los cinco ministerios fluían de tal manera que Pablo más adelante utilizaría el ejemplo de Antioquía para guiar a las demás iglesias a esta plenitud. Leamos un poco sobre los primeros pasos de Pablo allí.

"Ahora bien, los que habían sido esparcidos a causa de la persecución que hubo con motivo de Esteban, pasaron hasta Fenicia, Chipre y Antioquía, no hablando a nadie la palabra, sino sólo a los judíos. Pero había entre ellos unos varones de Chipre y de Cirene, los cuales, cuando entraron en Antioquía, hablaron también a los griegos, anunciando el evangelio del Señor Jesús. Y ***la mano del Señor estaba con ellos, y gran número creyó y se convirtió al Señor****. Llegó la noticia de estas cosas a oídos de la iglesia que estaba en Jerusalén; y enviaron a Bernabé que fuese hasta*

Antioquía. Este, cuando llegó, y ***vio la gracia de Dios****, se regocijó, y exhortó a todos a que con propósito de corazón permaneciesen fieles al Señor. Porque era varón bueno, y lleno del Espíritu Santo y de fe. Y una gran multitud fue agregada al Señor. Después fue Bernabé a Tarso para buscar a* ***Saulo; y hallándole, le trajo a Antioquía****. Y se congregaron allí todo un año con la iglesia, y enseñaron a mucha gente; y a los discípulos se les* ***llamó cristianos por primera vez en Antioquía****".*

Hechos 11:19-26

(énfasis añadido por el autor)

"Había entonces en la iglesia que estaba en Antioquía, profetas y maestros: Bernabé, Simón el que se llamaba Niger, Lucio de Cirene, Manaén el que se había criado junto con Herodes el tetrarca, y Saulo. Ministrando éstos al Señor, y ayunando, dijo el Espíritu Santo: Apartadme a Bernabé y a Saulo para la obra a que los he llamado. Entonces, habiendo ayunado y orado, les impusieron las manos y los despidieron".

Hechos 13:1-3

Cuando las personas comenzaron a convertirse en esa región, desarrollaron un cristianismo fuera de lo común. Llenos del Espíritu Santo, empezaron a vivir dinámicas que luego Pablo describiría como vitales para expresar la idea original de la iglesia. Bernabé fue enviado desde la iglesia "madre" de Jerusalén para ver qué estaba sucediendo allí. Al ver este mover espiritual y esta expresión del cristianismo, se quedó anonadado. Guiado por el Espíritu Santo, fue a buscar a Saulo. Al hallarle, lo invitó a la iglesia de Antioquía. Imagina por un momento la situación. Pablo era un judío de pura cepa. Circuncidado al octavo día, del linaje de Israel, de la tribu de Benjamín, hebreo de hebreos; en cuanto a la ley, fariseo[4]. Entonces te pregunto: ¿Cuál sería la iglesia ideal para él? ¿La de Antioquía, donde la mayoría eran cristianos no judíos, o la de Jerusalén donde eran todos judíos a quienes se les había revelado Jesucristo? Claramente, el perfil de Pablo era para la iglesia de Jerusalén. Sin embargo, cuando Bernabé vio este mover tan impresionante en Antioquía, fue conducido por el Espíritu para llevar a Pablo allí. Esta iglesia fue el lugar donde Dios lo plantó. Dice la Palabra que se congregó todo un año allí. Entonces, el gran apóstol y escritor de la mayor parte del Nuevo Testamento, experimentó de primera mano, esta idea llamada iglesia que Jesús había fundado años atrás. Las dinámicas de la iglesia de Antioquía, fueron la materia prima que Pablo utilizó luego en sus cartas para guiar a los creyentes del primer siglo, a vivir el verdadero cristianismo. Si comienzas a leer cada epístola paulina, desde el entendimiento de lo que él experimentó en sus primeros días de iglesia, entenderás la influencia que esta comunidad de fe provocó en Pablo.

Sin lugar a dudas, en Antioquía se vivía un evangelio integral. Como hemos leído en los versículos anteriores y en otros, los cinco ministerios fluían de forma orgánica en esta congregación. Pablo describe esta realidad como un misterio dado por Dios. Nadie les había enseñado estas formas. El ministerio profético y de enseñanza fluían por el Espíritu Santo. El evangelismo era tan puro y genuino que muchos se añadían cada día a la comunidad. Las personas eran pastoreadas y, como leemos en el capítulo 13 de Hechos, esta cultura era una plataforma de envío apostólico para extender el diseño de Dios en las naciones. Más adelante, veremos que los cinco ministerios, no son más que distintas características del carácter y ministerio de Jesús. Ellos tenían tan fresca la forma de vivir del Señor que la multiplicaron de manera genuina y en unidad con otros creyentes.

Este diseño pleno de iglesia, produjo una transformación tan abrumadora que las personas miraban a estos creyentes gentiles y veían a Cristo en ellos. Los percibían como *"pequeñas expresiones de Cristo"* y los llamaron cristianos por primera vez. Personas saturadas de Cristo sacudiendo su ciudad. ¡Qué misterio maravilloso!

Más adelante, Pablo le escribiría a los colosenses sobre este avivamiento de Antioquía:

> *"El misterio que había estado oculto desde los siglos y edades, pero que ahora ha sido manifestado a sus santos, a quienes Dios quiso dar a conocer las riquezas de la gloria de este misterio entre los gentiles;* ***que es Cristo en vosotros, la esperanza de gloria****".*
>
> **Colosenses 1:26-27**
>
> (énfasis añadido por el autor)

Pablo dice que Dios quiso revelar este misterio lleno de riquezas en gloria a los gentiles (iglesia de Antioquía). ¿Cuál es el misterio? Personas llenas de Cristo producen esperanza de gloria. Solo una generación saturada de Jesús desatará la mayor expectativa de la manifestación de Dios que el mundo necesita ver. Esta es la idea original de iglesia, hombres y mujeres colmados de Jesús. Y Dios está en el asunto de perfeccionar esta idea antes de la segunda venida del Señor[5]. Alcanzar la medida de la estatura del Varón perfecto y la plenitud de Cristo, deben ser la mayor meta de todo hijo de Dios. El plan de Dios no es solo librarnos de la condenación eterna, sino transformarnos en la imagen del Hijo. No podemos estar llenos de Cristo y del mundo al mismo tiempo. Necesitamos vaciarnos de todo, para ser llenos de Él. El mayor aporte que podemos darle al mundo y a quienes nos rodean es nuestra vida transformada a imagen de Jesús. Todas las dinámicas en la iglesia deben girar en torno a esto. Cuantas más personas transformadas a la imagen de Jesús, tendremos más impacto en el mundo y mayor cosecha de almas. Y para que esto suceda, no alcanza con un buen deseo o una oración ferviente, hay que ajustarse al diseño de Dios. Y ¿cuál es ese diseño? Cinco dinámicas para vivir en distintos niveles nos llevarán a ver vidas, familias y comunidades saturadas de Cristo.

Otra realidad que debemos comprender para ser la iglesia integral, es que no podemos estar llenos de Cristo y de religiosidad ¿A qué llamamos religiosidad? A modelos humanos de cristianismo, que están lejos de la idea establecida por Dios. No solo me refiero a sistemas falsos de iglesia, sino también incompletos o desbalanceados. Cuando Satanás no puede detener algo, lo fragmenta o divide. Cuando un creyente vive solo algunas de estas cinco áreas y no busca la integralidad de cada aspecto de Cristo, no puede experimentar la plenitud. Y lo mismo sucede a nivel corporativo. La única manera de vivir el verdadero evangelio, es volver a lo que las Escrituras nos detallan de lo que una comunidad de fe debe ser. Y no podemos tomar solo algunos aspectos, necesitamos redescubrir la iglesia de forma integral.

El perfeccionamiento de los santos

Imagino que a estas alturas, ya debes estar preguntándote: ¿Cómo lo logramos? ¿Cómo alcanzamos esta meta tan elevada? Dios nos dejó las instrucciones y las desarrollaremos en este libro. A este objetivo sagrado de ver una iglesia con personas saturadas de Cristo, lo llamaremos. *El perfeccionamiento de los santos.* Dios inició una obra, la sostuvo a través de los siglos y dará su toque final antes que termine esta era.

"Estando persuadido de esto, que el que comenzó en vosotros la buena obra, la perfeccionará hasta el día de Jesucristo".

Filipenses 1:6

Edificar una iglesia integral y perfeccionada es el mayor objetivo de Dios. Sin embargo, no lo hará solo, está despertando referentes que colaborarán con la tarea de entrenar a los santos. Si tu corazón arde al leer estas páginas como lo hacía el de aquellos discípulos camino a Emaús, es porque seguramente Dios te está reclutando para ser parte de sus planes. Todo lo que nace en Dios crece. Y cuando Él comienza algo, lo perfecciona. Dios nos está invitando a la madurez espiritual, y está levantando un ejército de obreros que se comprometerán con este propósito.

"Todo lo que nace en Dios crece. Y cuando Él comienza algo, lo perfecciona"

En los últimos tiempos, los entendidos resplandecerán como las estrellas en el firmamento[6] y la madurez de la iglesia alcanzará niveles sin precedentes. Así como el pecado madurará en los tiempos finales, según la Biblia, también lo harán la justicia y la santidad. Mientras la cizaña está alcanzando medidas inéditas en las naciones, veremos el trigo llegar a su mayor esplendor también. Apocalipsis 17 y 18 mencionan que los pecados de la humanidad llegarán hasta el cielo, y el clímax de rebeldía del corazón humano escalará a niveles corporativos expresándose a través de pueblos, ciudades y naciones. A este avivamiento de la oscuridad se lo llama el misterio de "Babilonia, la madre de todas las rameras"[7]. Esto describe a la Cesarea de Filipo actual. En ese escenario, Dios volverá a manifestar su obra maestra: La iglesia. Aunque el enemigo ha intentado debilitarla y dañarla por siglos, Dios la perfeccionará. Así como Satanás fortalecerá un sistema descrito como una "prostituta", Dios despertará a su "Amada". El plan del diablo es levantar una "ramera"; el de Jesús, una "Esposa". Y como todos sabemos, al final la luz avanzará, la cruz prevalecerá y el cielo vencerá. Esta guerra tiene un final irrefutable. Sin embargo, hay que dar pelea con sabiduría y osadía, porque lamentablemente muchos caerán en el camino. Un ejército de santos como no se ha visto en la tierra desde la cruz, dará la buena batalla en los tiempos finales y preparará el camino para el establecimiento final y total del reino de Dios sobre la tierra. Esta Esposa llena de pasión y fidelidad, terminará doblegando a la ramera.

Dios promete en su Palabra que los santos de los últimos tiempos experimentarán ciertos movimientos gloriosos que perfeccionarán a la iglesia. Habrá un aumento del entendimiento y de sabiduría en el pueblo de Dios[8]. El Espíritu Santo incrementará la comprensión de las profecías bíblicas acerca del fin de la era actual: *"... en los postreros días lo entenderéis cumplidamente..."*[9]. El mover de la Presencia de Dios será multiplicado de forma multigeneracional[10]. Los jóvenes tendrán visiones; los ancianos, sueños; y nuestros niños profetizarán. El Espíritu será derramado sobre toda carne en los días previos al regreso de Cristo. En algunos con llenura, en otros con juicio, pero todos serán envueltos por el poder de Dios. Habrá adoración día y noche[11]. Se potenciará la gran comisión y habrá una predicación masiva del evangelio[12]. Y finalmente la mayor cosecha de almas se verá[13]. Todas estas dinámicas, se engloban en la expresión: *El perfeccionamiento de los santos.* Y como veremos más adelante, la restauración de los cinco ministerios en el Cuerpo de Cristo, son vitales para alcanzar este propósito

Así como tenemos tantas promesas y profecías de lo que Dios hará con la iglesia en los últimos días, también la Palabra nos advierte que gran parte de los creyentes se alejarán de Dios, perderán su fe y transigirán ante las presiones de "Babilonia"[14]. Muchos serán seducidos y engañados. Los sacudimientos mundiales de los cuales Jesús advirtió, harán que personas no puedan mantenerse en pie. Las construcciones religiosas que no se han realizado según los planos maestros bíblicos, serán derribadas cuando las tormentas, vientos y lluvias de las cuales habló Jesús en el sermón del monte se desaten. Pero también, estas dinámicas, manifestarán a los que edificaron sobre la roca, según el diseño original de iglesia. Y allí está el gran desafío. Como ya estarás comenzando a notar, necesitamos un avivamiento. Precisamos que Dios vuelva a avivar su obra en medio de estos tiempos. Sin embargo, este despertar del Espíritu que la iglesia de esta generación necesita, no es solo de cantidad. Más bien, debe ser de profundidad.

Avivamiento de profundidad

He pasado los últimos quince años clamando por un avivamiento de profundidad. Así como con Noé, cuando la gracia de Dios se derrama sobre personas y son advertidas de lo que viene, sienten el celo de construir un arca para preservar a sus generaciones. Hoy necesitamos edificar una cultura de intimidad con Dios, que establezca ámbitos, donde las generaciones venideras no solo serán preservadas de los juicios y tormentas globales, sino que prevalecerán debilitando las puertas del Hades. Describo esta "arca" o "cultura" como un avivamiento de profundidad. Necesitamos que las raíces de la iglesia alcancen otro nivel de fortaleza, para que los frutos manifiesten una nueva efectividad.

"El avivamiento de cantidad hizo que multitudes se acerquen a Jesús, pero el de profundidad dio como fruto un grupo pequeño de discípulos que sacudieron las naciones y formaron la iglesia"

Cuando hablamos de avivamiento quizá se te viene a la mente un estadio lleno, manifestaciones del Espíritu Santo con sanidades o un templo saturado de personas. Es evidente que estos son elementos que todo despertar espiritual produce. Sin embargo, creo que la esencia es aún mayor que esas manifestaciones externas. Un verdadero avivamiento no se expresa solamente en crecimiento numérico, sino en profundidad espiritual. Sé que lo que más impacta a los hombres son los números, pero Dios sigue siendo conmovido por la madurez del corazón. Es el avivamiento de profundidad lo que produce frutos no solo abundantes sino duraderos. Esta clase de movimiento de Dios produce verdaderos cristianos, hombres y mujeres formados a la imagen de Cristo. El avivamiento de cantidad hizo que multitudes se acerquen a Jesús, pero el de profundidad dio como fruto un grupo pequeño de discípulos que sacudieron las naciones y formaron la iglesia.

Como te mencioné al comienzo de este capítulo, la meta de Pablo no era templos llenos de personas, sino personas llenas de Cristo. Es más confiable y duradero un jardín con algunos arbustos con raíces fuertes, que uno lleno de plantas con raíces superficiales. Aunque a los ojos humanos siempre la cantidad atrae más, en el reino de Dios la esencia es lo radical, lo duradero y lo eterno. Precisamos ir de lo superficial a lo interno. Jesús sigue diciendo: *Boguen mar adentro.* No es en la orilla, sino en la profundidad donde se manifiestan los milagros más gloriosos.

Estamos contendiendo por este avivamiento. No queremos solo eventos, congresos o cruzadas exitosas, anhelamos ver un ejército de creyentes que se levanten expresando la plenitud de Cristo en sus vidas y que se mantengan ardiendo hasta el fin. Queremos ver multitudes llegar a Jesús, pero en el espíritu de aquellos discípulos que lo dejan todo y se convierten en cristianos radicales. Para este avivamiento es fundamental que Dios restaure el entendimiento de los cinco ministerios en el Cuerpo de Cristo. Lograr comprender y desarrollar la magnitud de estas cinco áreas en forma integral, es el camino que Jesús estableció para poder experimentar esta clase de revolución espiritual.

Un despertar en la compasión por los perdidos conectada a un celo por el discipulado nos hace mantenernos amando y sirviendo a esas personas a través de los años. Además un incremento en el hambre por las Escrituras que nos lleve a meditar día y noche en su sabiduría, pero sobre todo conectado a un deseo por experimentar la Presencia del Dios vivo, oír su voz y recibir su toque en cada minuto del día. Estas dinámicas fusionadas a una comprensión del plan global de Dios para las naciones, producirán una madurez espiritual sin precedentes en cada creyente. Puedo ver en mi espíritu, niños creciendo en estas cinco áreas. Jóvenes y adolescentes en un despertar de profundidad, familias enteras viviendo esta clase de evangelio y cristianismo integral y radical. Ancianos llenos del Espíritu Santo ardiendo más en sus últimos días que en los primeros.

En el libro *Mero cristianismo,* C. S. Lewis dice lo siguiente: "Cada cristiano ha de convertirse en un pequeño Cristo. Todo el propósito de convertirnos en cristianos es simplemente eso". Es la iglesia, el diseño que Dios escogió para lograr este propósito. Es la comunidad de fe, el ambiente donde el Espíritu Santo puede liberar estos cinco ríos que producen en cada uno la transformación a la estatura del Varón perfecto. Nunca podremos comprobar el verdadero cristianismo fuera del ámbito que Dios estableció. En los siguientes capítulos te mostraré que un avivamiento de profundidad que trae frutos abundantes y perdurables, es la consecuencia de la restauración de los cinco ministerios en la iglesia. Si bien en ella vemos el prototipo final e integral de lo que Jesús estableció, estas realidades se pueden vivir en la vida personal, familiar, laboral y, de hecho, en todo ámbito.

Procura ajustar tu vida a este diseño y no habrá forma que no experimentes un avivamiento de profundidad. El resultado no será solo manifestaciones gloriosas (las cuales serán parte del proceso), sino una vida formada a la imagen de Cristo. Cuando el diseño es restaurado en uno, comienza a ser contagiado en otros. No tienes dimensión del poder de atracción que produce una vida que expresa a Cristo. Así, el efecto se irá multiplicando. La levadura irá afectando toda la masa. Entonces tendremos iglesias formadas a imagen de Cristo. Pequeñas comunidades que desarrollen estas cinco dinámicas producirán profundos y grandes avivamientos. Y cuando el mundo mire a la iglesia, verá en cada discípulo pequeñas expresiones de Cristo y volverá a llamarlos verdaderos cristianos.

Capítulo 2

LOS CINCO MINISTERIOS

Capítulo 2

LOS CINCO MINISTERIOS

La iglesia es un ejército que Dios estableció para que su reino avance en la tierra hasta el día de su venida. Como toda tropa, el secreto de su éxito se encuentra en lo conectada que esté al jefe principal y cuán coordinados operen entre sí. Los cinco ministerios son como compañías en las cuales el comandante organiza la milicia para poder abarcar los distintos flancos y alcanzar los objetivos. Déjame ilustrarte con un ejemplo.

El evangelismo representa a los soldados de campo. Ellos quieren pelear cuerpo a cuerpo, les atrae el riesgo, son osados y valientes para ir al frente. Siempre me los imagino como los que tienen el cuchillo entre los dientes y poseen sed de almas. A ellos les cuesta entender el tiempo que pasa la fuerza aérea entrenando en esas máquinas sofisticadas, o a los instructores que pasan horas estudiando el plan de batalla. Lo consideran una pérdida de tiempo ya que muchas almas deben ser rescatadas y les quema que alguno se pierda en el mientras tanto. Fueron formados para introducirse en el territorio enemigo y rescatar a los perdidos. Son claves para el cumplimiento de los objetivos del ejército. Sin embargo, necesitan entender que si no operan con las demás compañías su trabajo se vuelve vulnerable y limitado. Damos gloria a Dios por los soldados de campo, sin ellos, no estaría avanzando el imperio de Dios en la tierra. En la iglesia son los encargados de impartir en todos la compasión por las almas.

Por otro lado, tenemos el ministerio profético que es como la fuerza aérea o marítima. Ellos disfrutan más las alturas y las profundidades que el cuerpo a cuerpo. Manejan vehículos sofisticados (instrumentos, elementos, profecías) y a aquellos que no están en esta compañía les cuesta comprender su dinámica. Necesitan más entrenamiento que los otros escuadrones para ser certeros y no meterse en problemas. Por eso cuando el ministerio profético falla, es como hundir un barco o estrellar un avión, nunca la víctima es solo el profeta, siempre hay más afectados y heridos. A veces suele haber pleitos y divisiones entre los soldados de campo y estas fuerzas aéreas o marítimas. En lugar de darse cuenta lo importante de complementarse y avanzar juntos, suelen discutir por quién realmente está haciendo el trabajo más importante. Los intercesores y adoradores se mueven en ámbitos proféticos, despejando los aires espirituales, anticipándose a movimientos del enemigo, enviando misiles a larga distancia que en muchas oportunidades son los más efectivos. Al desconectarse del trabajo evangelístico, enfocados en su propio ministerio, a veces en esos bombardeos terminan afectando, debilitando y hasta matando a los propios soldados de campo. Por otro lado, estos últimos, se quejan de que los intercesores y adoradores se pasan horas clamando y profetizando cuando hay tantas almas por alcanzar. Ambos grupos necesitan entender que en el diseño de Dios, el ministerio profético produce el fuego liberador y de cobertura, para que el ministerio evangelístico tome las almas. Ningún ejército que no coordine sus pelotones, alcanzará el éxito de la gran comisión. Se necesitan, se complementan y deben desarrollar un trabajo en perfecta conexión. En la iglesia, el ministerio profético es el encargado de impartir la pasión por la Presencia de Dios y la sensibilidad a su voz.

Por otro lado tenemos el ministerio pastoral, que representa a los médicos del ejército, aquellos que recuperan a los heridos. Sin los doctores no tendríamos ni fuerza terrestre, ni aérea, ni marítima en condiciones para poder cumplir la misión. No solo los sanan, sino que los fortalecen a través de una dieta y una rutina que pueda mantenerlos en perfecto estado mientras realizan sus asignaciones. Como puedes ir notando, ningún trabajo es más importante que el otro, todos se complementan. Si le preguntas a cada uno por separado, te dirán que su área es la más relevante, debido a su compromiso y pasión por la tarea que les toca hacer, pero si lo ves en perspectiva, todos se necesitan entre sí. Gracias a Dios por los pastores, que nutren, sanan y acompañan al ejército en sus procesos de fortalecimiento para alcanzar el propósito de Dios. En la iglesia, son los encargados de impartir carácter y sanidad a todos los santos.

Los maestros son los que han estudiado tanto el plan de batalla como las estrategias, conocen al enemigo, han tenido acceso a los detalles del armamento y están tan entrenados que delinean los planes a seguir de manera que la lucha se vuelva certera y efectiva. Son los entrenadores e instructores del ejército. Pueden notar cuando el escuadrón se está desviando de un objetivo. Procuran que cada compañía se mantenga en el "perfecto plan", que también llaman "sana doctrina", para llegar a la meta. Nunca verás a uno de ellos atacar a los de su propia tropa o utilizar su conocimiento para debilitar a los suyos. Siempre están para equipar, potenciar y fortalecer a los soldados. Quizá puedes entender a dónde estoy apuntando. ¿Por qué a veces las personas a quienes Dios les dio más claridad en la Palabra, la utilizan para atacar a los de su propio ejército? El gran desafío que este ministerio tiene es lograr que todas las áreas puedan comprender, entender y abrazar el plan escrito y detallado del Comandante en jefe. Este ministerio en la iglesia, es el responsable de impartir hambre por la Palabra de Dios y sabiduría bíblica.

Por último tenemos el ministerio apostólico, que representa a los generales de cada división, que son aquellos que más conectados están con el Comandante y administran la información clasificada y estrategias principales de la fuerza. Son los militares más preparados y maduros, que tienen el propósito de conectar cada compañía y asegurar el perfecto funcionamiento de los escuadrones. En el reino de Dios los apóstoles son descritos como servidores de todos y administradores de misterios[15]. A diferencia de las jerarquías militares, en la iglesia los que más sabiduría, autoridad y madurez tienen, son los que más sirven, conectan y potencian al resto. El propósito general de esta área, es mantener todos los batallones interconectados entre sí, dar a conocer la información clasificada (llamada misterios en la Palabra) con sabiduría a todos y potenciar la relación de los soldados con el Comandante principal. En la iglesia, el ministerio apostólico es el que imparte hambre por los misterios de Dios, el plan global y la conexión de todos los ministerios.

Jesús es el Comandante en jefe de este ejército y quien asegura su funcionamiento. Él es quien designa las áreas y establece el propósito de cada compañía para que la tropa avance a paso firme. Es Él quien constituye a los referentes que perfeccionarán al resto de los santos para cumplir la misión.

"Y él mismo constituyó a unos, apóstoles; a otros, profetas; a otros, evangelistas; a otros, pastores y maestros".

Efesios 4:11

La iglesia gloriosa

Jesús diseñó la idea de iglesia como un movimiento espiritual de personas que se relacionan con Dios y en comunidad con otros. Al hacerlo se convierten en un ejército al que las puertas del infierno no pueden detener. Estas dos direcciones de comunión deben desarrollarse según sus términos. Cuando esto sucede así, el resultado es la manifestación del reino de los cielos en la tierra. Si logramos alinearnos al proyecto original, veremos la mejor versión de la iglesia de la historia. Recuerda que el Padre está en el asunto de perfeccionarla. La iglesia no es una idea de hombres, sino de Dios. Estar en contra de la iglesia es estar en contra de Él. Aun con sus fallas y errores, sigue siendo su plan para formar a los verdaderos cristianos. La iglesia no falla, lo que sucede es que a veces, los que somos parte de ella nos corremos de los planos originales. La buena noticia es que siempre se puede volver. Hay una lucha milenaria por detener esta obra, pero recuerda que su Fundador dijo que ninguna estrategia del infierno prevalecería contra ella. Sin embargo, el mayor objetivo de Satanás es fragmentarla, debilitarla y falsificarla. Dios está en la labor de sanarla, restaurarla y perfeccionarla. ¿Y tú, en qué agenda estás participando?

"La iglesia no es una idea de hombres, sino de Dios. Estar en contra de la iglesia es estar en contra de Él"

Hemos comenzado este libro ilustrando el momento en que Jesús llevó a sus discípulos al lugar más oscuro del momento para inaugurar la obra más gloriosa de la historia. Acordamos que la iglesia fue una idea que Jesús mismo se comprometió a edificar. Luego de resucitado, la Palabra detalla que el gran Arquitecto tomó cuarenta días para dar instrucciones y detalles a los suyos sobre cómo extender y expandir esta misión[16]. Entonces comenzamos a observar, en los primeros capítulos de Hechos, a la iglesia de Jerusalén operando en el plan original. Compartían cada día en el templo y en sus casas las dinámicas que Jesús les había enseñado[17]. El evangelio crecía y cada día Dios añadía a la iglesia a los que habían de ser salvos[18]. Ocho años después el evangelio comienza a expandirse entre los gentiles y vemos el modelo de la iglesia de Antioquía que hemos estudiado. Alrededor del 90 d.C., en Apocalipsis 2 y 3 se nos detallan siete iglesias de Asia. Vemos que ya se comienzan a alejar del diseño original enfrentando crisis y problemas parecidos a los que atravesamos hoy. Pierden el primer amor, olvidan las obras primeras, se llenan de temor, dan lugar a falsas doctrinas, son seducidos por el espíritu de Jezabel y caminan en tibieza espiritual. Sin embargo, ante estas grietas en la obra, el Constructor se compromete con su restauración y la Palabra muestra que Jesús se mueve entre los siete candeleros.

"El misterio de las siete estrellas que has visto en mi diestra, y de los siete candeleros de oro: las siete estrellas son los ángeles de las siete iglesias, y ***los siete candeleros que has visto, son las siete iglesias****".*

Apocalipsis 1:20*

"Escribe al ángel de la iglesia en Éfeso: El que tiene las siete estrellas en su diestra, ***el que anda en medio de los siete candeleros de oro,*** *dice esto".*

Apocalipsis 2:1*

(*énfasis añadido por el autor)

Jesús se presenta como el que anda en medio de siete iglesias debilitadas. ¿Puedes observar su compromiso y amor por la obra? Aun cuando ella se corre del camino correcto, Él no se va. Camina junto a ella, afirmando cosas, confrontando otras y ofreciendo recompensas. La fundó, la empoderó con su Espíritu Santo, la modeló en las primeras décadas y se comprometió a estar con ella cuando atraviese temporadas difíciles. Por esto Pablo dice que Aquel que comenzó la buena obra la perfeccionará hasta el día de Jesucristo. Y al final de esta línea cronológica, nos encontramos con el diseño final de cómo quedará.

"A fin de presentársela a sí mismo, ***una iglesia gloriosa****, que no tuviese mancha ni arruga ni cosa semejante, sino que fuese santa y sin mancha".*

Efesios 5:27

(énfasis añadido por el autor)

Al final de los tiempos, Jesús promete una iglesia gloriosa. ¡Qué gran noticia! Aquel que vio el final desde el principio nos describe cómo terminará. El Arquitecto nos muestra el "render" final de su obra magistral. Y como Él está comprometido con su edificación y conectado con los obreros, sabemos que no fallará. Antes de su segunda venida, la Novia será purificada y potenciada para alcanzar su mejor versión. Por esto estoy convencido que Dios incrementará el perfeccionamiento de los santos en los próximos días para llegar a esta meta suprema de manifestar una iglesia gloriosa. ¿Estás dispuesto a colaborar con esta misión?

Para poder lograr este objetivo sagrado tenemos que ver en las Escrituras los planos originales. Cuando hablamos de iglesia no nos referimos a un templo o edificio, pero tampoco a creyentes aislados que ejercitan su fe. Aludimos a ciertas dinámicas comunitarias establecidas en el Nuevo Testamento, que hacen parte de este movimiento divino. Hay distintos elementos que la constituyen y Jesús los ha detallado en su Palabra. Así como las vías de un ferrocarril lo mantienen en la dirección correcta, la infinidad de consejos bíblicos sobre las formas de ser y hacer iglesia, son vitales para mantenernos en el camino acertado. Como verás, no puedes definir tu propia manera de iglesia, sino alinearte con lo que Dios ya estableció. La comunidad de fe no es cada uno de los escuadrones aislados, sino todos juntos coordinados. El desafío es poder unir todos estos principios y consejos bíblicos para alcanzar el boceto completo de lo que es una iglesia integral.

Los cinco ministerios

A continuación quiero que trabajemos sobre un pasaje que nos muestra un resumen de cómo desarrollar la forma más pura de iglesia según Dios. Hay un molde, y si lo utilizamos para modelar nuestro cristianismo, veremos resultados asombrosos. Quisiera que lo veas como el Comandante en jefe revelando la organización perfecta del ejército. Jesús le comunicó a Pablo que sería Él mismo quien constituiría cinco pilares para asegurar su funcionamiento:

> *"Y él mismo constituyó a unos, apóstoles; a otros, profetas; a otros, evangelistas; a otros, pastores y maestros, a fin de perfeccionar a los santos para la obra del ministerio, para la edificación del cuerpo de Cristo, hasta que todos lleguemos a la unidad de la fe y del conocimiento del Hijo de Dios, a un varón perfecto, a la medida de la estatura de la plenitud de Cristo; para que ya no seamos niños fluctuantes, llevados por doquiera de todo viento de doctrina, por estratagema de hombres que para engañar emplean con astucia las artimañas del error, sino que siguiendo la verdad en amor, crezcamos en todo en aquel que es la cabeza, esto es, Cristo".*
>
> **Efesios 4:11-15**

"Estas cinco expresiones de Cristo en la iglesia, son las vías por las que una persona o comunidad pueden avanzar hacia la meta insuperable de convertirse en verdaderos cristianos"

Este será el texto central de este libro. Comenzaremos a depurar cada palabra de estos versículos a fin de extraer todo el oro posible. Creo que con tan solo leer este párrafo, desde la perspectiva de lo que hemos estudiado hasta aquí, es revolucionario. Te animo a que puedas meditarlo varias veces. Creo humildemente que estamos ante una de las porciones bíblicas más vitales y sagradas del cristianismo. El diseño que Pablo presenta aquí, de estas cinco expresiones de Cristo en los santos, son las vías por las que una persona o comunidad pueden avanzar hacia la meta insuperable de convertirse en verdaderos cristianos. Nos encontramos delante de cinco versículos que responden a las preguntas existenciales de lo que significa ser iglesia:

> *¿Cómo son perfeccionados los santos? ¿Cómo se hace la obra del ministerio? ¿Cómo se edifica el Cuerpo de Cristo? ¿Cómo llegan todos los creyentes a una misma fe sólida y madura? ¿Cómo podemos alcanzar un conocimiento profundo del Hijo de Dios? ¿Cómo pueden los creyentes ser formados a la imagen del Varón perfecto? ¿Cómo podemos crecer a la medida de la estatura de la plenitud de Cristo? ¿Cómo podemos avanzar hacia la meta sagrada: crecer en todo en Aquel que es la cabeza, o sea Cristo?*

Quiero que te imagines tomando un café con el apóstol Pablo haciéndole estas preguntas (si no te gusta el café, puedes hacerlo compartiendo tu bebida favorita). ¿Cómo crees que te respondería? La respuesta a estos interrogantes desata un verdadero avivamiento, y la tienes escrita en tu Biblia. Dios nos ha dejado la solución. La vida es un misterio que solo puede ser descifrado con la Palabra de Dios. ¡Por eso amo tanto las Escrituras! Me emociona pensar que en las próximas páginas, exploraremos la respuesta para muchas de estas cuestiones. Pero si puedo resumírtelo en pocas palabras, las llaves de oro que abren cada uno de estos candados son: *Los cinco ministerios*.

> ***"La vida es un misterio que solo puede ser descifrado con la Palabra de Dios"***

Pablo vio esta realidad en acción en la iglesia de Antioquía. Experimentó de primera mano la consecuencia de una comunidad que se mueve en estas cinco dinámicas. En cada una de sus cartas, expresó la riqueza que este misterio contiene y el resultado final de este avivamiento de profundidad, que es Cristo formado en los creyentes, esperanza de gloria. Los cinco ministerios son: *apóstoles, profetas, evangelistas, pastores y maestros.* Sin embargo, quiero invitarte a que no los veas como personas específicas, sino como dinámicas espirituales que en cierto nivel deben vivir todos los cristianos. Por eso las estudiaremos como cinco columnas vivas, que la edificación llamada iglesia necesita apuntalar y fortalecer.

El propósito principal de los cinco ministerios

Es muy importante, al hablar de los cinco ministerios, diferenciar la asignación ministerial del llamado esencial y general de cada hijo de Dios. Todos tenemos que descubrir y desarrollar ambos. En el ejemplo del ejército me refiero a la asignación ministerial que tiene que ver (según tus dones, habilidades, talentos, cargas específicas) con cuál de las cinco áreas el Señor quiere que aportes para poder contribuir con la idea de Dios de desarrollar en cada uno de nosotros un cristianismo integral. Él establece a las personas en estos escuadrones para que puedan aportar a la meta final del ejército que es ganar almas y discipularlas para llegar a ser verdaderos cristianos que vivan las cinco facetas. Sin embargo, en un nivel general y básico, cada hijo de Dios debe desarrollar las cinco dinámicas para ser transformado a la imagen del Hijo. ¿Recuerdas que vimos que el propósito del evangelio es que todos lleguemos a ser como Él y que las personas puedan ver a Cristo en nosotros, esperanza de gloria? Entonces, Dios nos va asignando ministerialmente a algunas áreas del ejército, para que todos alcancen este propósito.

Vamos a estudiar la importancia de los referentes en estos ministerios, pero te animo a considerarlos como mucho más que cinco personas ejerciéndolas o áreas para desarrollar tu llamado. Son cinco ríos espirituales, cinco dinámicas poderosas, cinco características de Cristo que deben estar activas en cada discípulo. Dios levanta referentes, pero estos no son el fin sino el medio por el cual el objetivo de Dios se cumple en todos. El apóstol Pablo nos revela aquí el diseño para que toda la iglesia llegue la plenitud de Cristo. Cuando estos cinco ministerios están activos en una comunidad, hay crecimiento y madurez. Dios constituye a algunos para perfeccionar a todos. Por eso, su objetivo final no es solo un grupo reducido operando en estos campos, sino todos avanzando en cada dinámica, alcanzando una fe unida y el conocimiento del Hijo de Dios.

Como vimos, a medida que transitamos los últimos tiempos, estamos en el período del *perfeccionamiento de los santos.* El Padre está fortaleciendo su familia hasta el día de Jesucristo. Y en esta joya de oro que tenemos en Efesios, se nos detalla que la forma en que Dios realizará este entrenamiento es a través de estas cinco influencias.

*"A fin de **perfeccionar** a los santos para la obra del ministerio, para la edificación del cuerpo de Cristo".*

Efesios 4:12

(énfasis añadido por el autor)

Grábate este principio: *Dios levanta a algunos para perfeccionar a todos.* A veces tenemos el paradigma que estos cinco ministerios son solo para unos pocos. Tenemos la idea de una iglesia de cinco líderes reconocidos y un montón de personas que dependen de la fe de ellos. Esa no es la intención de Dios al levantar referentes. Él da gracia a sus líderes, para que todos lleguemos a la misma fe. Los cinco ministerios que Jesús estableció, no son cinco personas para idolatrar, sino cinco áreas para desarrollar.

"Dios levanta a algunos para perfeccionar a todos"

Los referentes son para inspirarnos, no para limitarnos. Tampoco para hacernos híper dependientes de ellos. Déjame darte un ejemplo.

Dios levanta un profeta que oye su voz con una sensibilidad especial. Su propósito según el texto que acabamos de leer, es que esta persona "perfeccione" a los santos para la obra y la edificación del Cuerpo de Cristo. En otras palabras, que entrene a los demás para poder escuchar a Dios. Sin embargo, la mayoría de las veces, nuestra forma de ver a un profeta es un "iluminado" que está por encima del resto, y necesitamos hacer una fila para que nos diga lo que Dios piensa de nosotros y hablarnos acerca de nuestro futuro. Esa idea es del Antiguo Testamento, cuando el Espíritu Santo no estaba en todos. Hoy uno de los mayores propósitos de este ministerio que Jesús estableció, es que todos seamos entrenados para escuchar qué es lo que Dios piensa de nosotros y de nuestro futuro. Todas las ovejas pueden oír la voz del Buen Pastor[19]. No hay intermediario entre Dios y los hombres, solo Jesucristo[20]. Sin embargo, a veces nos cuesta aprender a escuchar a Dios en nuestra vida cotidiana. Para eso Jesús constituye al profeta en el Nuevo Pacto, no para reemplazar nuestra habilidad de escuchar al Padre, sino para enseñarnos e inspirarnos a hacerlo. De esta manera el ministerio profético no sustituye la relación con Dios que cada creyente debe desarrollar, sino que la edifica, direcciona y alienta[21]. Desarrollaremos este tema en profundidad en el capítulo sobre la dinámica profética. Si vuelves a leer nuestro pasaje central desde esta perspectiva, verás que el mismo principio aplica para cada una de las cinco áreas.

> ***"Los cinco ministerios que Jesús estableció, no son cinco personas para idolatrar, sino cinco áreas para desarrollar"***

Observemos el ejemplo del pastor. Este es establecido para perfeccionar a los santos para que puedan construir la idea de iglesia que Dios tiene. No para que él solo haga el trabajo. A veces tenemos el concepto de que el pastor es nuestro empleado, y si no hace bien su tarea, buscamos otra iglesia donde hallemos a uno mejor que "me sirva como corresponde". Según la Palabra somos un reino de reyes y sacerdotes[22]. El sacerdocio es un llamado de todos los santos. Y el pastor es un referente en esa área levantado por Dios, para entrenarnos a todos para responder al llamado de ser buenos pastores en nuestros hogares, matrimonios y aun en los ámbitos donde nos movemos. Aunque veremos esto en profundidad más adelante, puedes comenzar meditando sobre la idea original de Dios al establecer este ministerio y cómo, en muchos casos, nos hemos alejado de ella. Hoy creemos que el pastor es el único responsable de la iglesia. Que él tiene que hacer toda la tarea, y si la congregación no está funcionando bien, es su culpa. Sin embargo, en distintos niveles, Dios nos hizo un reino de pastores. No todos tienen el oficio pastoral, pero sí todos tienen la responsabilidad de discipular a otros. Recuerda que la gran comisión no es la asignación de algunos, sino el mandato de todos. Somos muy buenos criticando pastores, pero no tanto asumiendo este llamado que Dios nos delegó a todos en el nivel más simple de nuestra vida cotidiana. Tu pastor no es tu empleado, sino alguien que te enseña cómo ejercer las características de este río en tu andar diario. Cuando comienzas a ver este ministerio desde esta perspectiva, los aspectos de Cristo son formados en tu vida. Al igual que los otros, en niveles básicos, el llamado pastoral es para todos los que se consideran verdaderos cristianos.

Lo mismo sucede con el evangelista. Dios no llama a algunos para ganar almas y a otros para mirar cómo lo hacen. Sino que el evangelismo es un llamado para todos los hijos de Dios. No puedes ser un verdadero cristiano si no activas esta dinámica. Entonces, ¿para qué levanta Dios evangelistas? Para inspirarnos a todos a hacerlo.

Por otro lado, el maestro de la Palabra no está solamente para responder nuestras inquietudes teológicas. Tampoco es la idea final de Dios, alguien que estudia las Escrituras y las enseña a un grupo "inferior" de creyentes que no tienen capacidad de entenderlas. Su mayor propósito es que todos alcancen el conocimiento del Hijo y la unidad de la fe. Dios levanta maestros bíblicos para que todo el Cuerpo sea perfeccionado en cómo comprender y estudiar las Escrituras. Estos referentes nos inspiran y guían hacia la plenitud de Cristo.

Dios no tiene cristianos de segunda. Todos son sus hijos y, en el diseño dado por Él, cada uno puede alcanzar la plenitud. Por lo tanto, los cinco ministerios no están puestos para separar a los cristianos de la "clase ejecutiva" del reino y los de la "clase turista". Por el contrario, son la idea de Jesús para que todos alcancemos la misma "clase" de fe y conocimiento de Cristo. Por esto Pablo dirá a los corintios que los apóstoles y cada ministerio deben ser definidos como servidores de Dios[23]. No están por encima de nadie, sino que tienen la responsabilidad de hacer crecer y perfeccionar a todos. Como puedes ver, estos líderes son medios para alcanzar el objetivo sagrado de ser una iglesia integral.

Cinco características de Cristo

Una de las mejores formas de describir los cinco ministerios, es que son cinco características de Cristo que deben estar presentes en todos los creyentes. Pablo dice que si crecemos en estas cinco influencias, el resultado será alcanzar la medida de la estatura del Varón perfecto, la plenitud de Cristo. En otras palabras, ¿quieres ser como Jesús? Necesitas profundizar en estos "ríos". Si bien lo haremos de una manera exhaustiva en los siguientes capítulos, quisiera comenzar brindándote la siguiente síntesis:

MINISTERIO PASTORAL • *EL CARÁCTER DE CRISTO*

El ministerio pastoral tiene como meta formar el carácter de Cristo en los santos. El propósito de esta columna es nutrir el ser de cada cristiano. La meta del ministerio pastoral es que las cualidades del carácter de Jesús sean formadas en la iglesia. La integridad y rectitud de Cristo son desarrolladas en una vida cuando esta se enfoca en fortalecer el área pastoral. ¿Quieres caminar en tu diario vivir como Cristo? Necesitas ser pastoreado. Así lo ideó Jesús. Ser discipulado y discipular a otros, es el medio por el cual el carácter de Cristo es modelado en cada creyente.

> Si quieres ser como Cristo, necesitas comenzar a orar: *Padre, ayúdame a crecer en la dinámica pastoral, enséñame a ser pastoreado y a guiar a otros. Anhelo que el carácter de Cristo sea formado en mí.*

MINISTERIO BÍBLICO • *LA SABIDURÍA DE CRISTO*

Esta columna tiene como meta perfeccionar a los santos en la sabiduría de Cristo. La Palabra de Dios es la mayor fuente de sabiduría. ¿Qué hizo Jesús por treinta años antes de comenzar su ministerio? Estudió la Palabra. A sus doce años ya lo vemos en el templo, asombrando a los maestros de la ley con las Escrituras[24]. Por eso, a la hora de entrar en acción, las utilizó constantemente. Su fuente de sabiduría para hacer avanzar el reino, las relaciones y decisiones, era la Palabra de Dios. Jesús estableció en la iglesia esta área, para levantar un ejército de hombres y mujeres con una sabiduría capaz de vencer al mundo. El propósito del ministerio bíblico es que los creyentes puedan tener una profunda devoción por la Palabra de Dios que los haga personas sabias, no solo en temas espirituales, sino también de la vida cotidiana. La mente de Cristo es activada en cada cristiano cuando se enfoca en fortalecer esta columna. Estarás lleno de la sabiduría de Cristo, tanto como esté activa esta dinámica en tu vida.

> Si quieres ser como Cristo, necesitas comenzar a orar: *Padre, ayúdame a crecer en la dinámica bíblica, ábreme las Escrituras y haz arder mi corazón al leer mi Biblia. Anhelo que la sabiduría de Cristo sea formada en mí.*

MINISTERIO PROFÉTICO • *LA PASIÓN DE CRISTO*

La pasión que Cristo poseía estaba completamente relacionada con su habilidad profética, en otras palabras, su capacidad de oír y ver al Padre. El ministerio profético es la herramienta que Jesús estableció para activar la sensibilidad espiritual en cada creyente. La habilidad de oír, percibir, ver y sentir a Dios, es determinada por el área profética. Cristo fue la persona más sensible espiritualmente que caminó sobre la tierra. Él solo hacía lo que veía hacer al Padre y decía lo que le oía decir. Fue esta cualidad la que impulsó dentro de Él un ímpetu que lo llevó a perseverar hasta el fin y doblegar a la muerte. La pasión de Cristo en la vida de los creyentes es encendida cuando se aviva el área profética. Por esta razón Satanás está tan determinado a contaminar y corromper este aspecto. El infierno le teme a un cristiano con esta sensibilidad y fervor. Estoy convencido que al estudiar este ministerio, tu corazón volverá a arder de pasión por Dios cuando tus sentidos espirituales sean ejercitados para percibirlo.

> Si quieres ser como Cristo, necesitas comenzar a orar: *Padre, ayúdame a crecer en la dinámica profética,*

enséñame cada día a oír tu voz y percibir tu Presencia. Anhelo que la pasión de Cristo sea formada en mí.

MINISTERIO EVANGELÍSTICO • *LA COMPASIÓN DE CRISTO*

En este proceso intencional de crecer a la imagen de Cristo, hay un área de Jesús que es determinante que cada creyente desarrolle, y es la compasión. El ministerio de evangelismo satura el corazón del cristiano de sensibilidad a la necesidad del prójimo. Así como el profético restaura nuestra pasión por Dios, el evangelístico restaura nuestra pasión por el prójimo. La compasión por los perdidos era el combustible que movía a Jesús cada día. ¿Quieres ser como Él? Necesitas entrenar esta área y nadar en este río. Este atributo en la vida de Jesús era el canal por el que se manifestaban los milagros y se salvaban las personas. Él no solo los liberaba, sino que se conectaba con ellos. No andaba "arreglando" personas, sino amándolos. Estudiaremos en profundidad estos principios en el capítulo del ministerio de evangelismo, pero puedes empezar desde ahora a velar por otros y pedirle al Espíritu que te permita sentir lo que Él siente por ellos.

> Si quieres ser como Cristo, necesitas comenzar a orar: *Padre, ayúdame a crecer en la dinámica evangelística, quebranta mi corazón al ver a los perdidos y conéctame con su necesidad. Anhelo que la compasión de Cristo sea formada en mí.*

MINISTERIO APOSTÓLICO • *LA MADUREZ DE CRISTO*

Cuando el entendimiento apostólico se despierta en un creyente, se activan nuevos niveles de madurez espiritual. Esta área otorga una visión de 360 grados del reino de los cielos en la vida del cristiano, que amplía su capacidad de comprensión de los misterios de Dios. Pablo dice que el ministerio de un apóstol tiene que ver con ser un "perito arquitecto"[25], "un administrador de misterios"[26] y un "padre espiritual"[27]. El arquitecto es el mayor responsable de una construcción y necesita tener una visión integral de cada área. El administrador precisa altos niveles de responsabilidad porque se le confían recursos de gran valor. Un padre o madre deja de ver por sí mismo y necesita comenzar a hacerlo por otros. Si bien estudiaremos de forma exhaustiva esta columna y sus aplicaciones en los distintos niveles de la vida cotidiana, cada descripción bíblica sobre esta área, conlleva mayores dimensiones de crecimiento espiritual y responsabilidad. La madurez de Cristo se desata sobre un cristiano que comienza a crecer en el ministerio apostólico. Y esta hará que Dios pueda darle alimento sólido y tener otra clase de conversaciones con Él[28]. Es imposible alcanzar la plenitud de Cristo sin desarrollar el área apostólica. Esta es una característica vital de Jesús que está disponible para todos.

> Si quieres ser como Cristo, necesitas comenzar a orar: *Padre, ayúdame a crecer en la dinámica apostólica, enséñame a comprender los misterios del reino de forma integral y guíame a nuevos niveles de profundidad espiritual. Anhelo que la madurez de Cristo sea formada en mí.*

Las consecuencias de los cinco ministerios

Una iglesia integral es una en la que estas cinco dinámicas están activas en todos los niveles. Todos se mueven sobre estos rieles y buscan fortalecer cada área en sus vidas de forma completa. Pablo enumera varias consecuencias que experimentan los creyentes cuando una iglesia se conduce en estos cinco énfasis de manera equilibrada y coordinada:

1. **Unidad de la fe.** Estas dinámicas otorgan a los santos una fe abundante y unánime. La consciencia y desarrollo de los cinco ministerios fortalece la fe en el Cuerpo de Cristo. Cada uno de ellos te da un porcentaje de fe. Imagina cada ministerio como si fuera un recipiente del cual obtienes un 20% de fe. Al desarrollar las características del área pastoral, que son obediencia, perdón, perseverancia, paciencia, e integridad, entre otras, desarrollas hasta un 20% la capacidad de tu fe. Luego, una vida de meditar, estudiar y aplicar la Palabra de Dios (ministerio bíblico) te otorga otro 20% de fe, ya que esta viene por oír su Palabra[29]. Por otro lado, percibir la voz de Dios y sensibilizar tus sentidos a su Presencia (ministerio profético), incrementa otro 20% tu fe. La compasión evangelística te mueve a experimentar milagros, conversiones y manifestaciones del Espíritu que acrecientan otro 20% tu fe. Finalmente, conectarte al plan global de Dios, sus misterios, últimos tiempos, las naciones, Israel, etc. (ministerio apostólico) te dará otro 20% de fe. Y en la medida que coordinas todas estas características juntas, obtienes una fe plena y madura, el 100% de la fe del Hijo. Si logramos desarrollar comunitariamente estas cinco áreas, veremos nuestras iglesias saturadas de fe, alcanzando la plenitud de Cristo. No podemos alcanzar una fe perfeccionada si no aprendemos a movernos en estas cinco dinámicas.

2. **Conocimiento del Hijo de Dios.** Cuando una iglesia es intencional en estas cinco áreas, las profundidades de Cristo comienzan a ser reveladas a todos. Jesús dijo que la vida eterna consiste en conocer a Dios[30]. También puedes meditar en que cada uno de los cinco ministerios te revela un aspecto de Cristo para conocer. Si te enfocas en todos, conocerás al Hijo de forma plena. El ministerio pastoral te hace ver la obediencia y sumisión Jesús, también la belleza de su discipulado y la gloria de su carácter. El bíblico te da a conocer

a Cristo en las Escrituras, toda la Palabra lo revela y lo señala, esta área te otorga un porcentaje clave de profundidades de Jesús. El profético te hace experimentar la manifestación de Jesús hoy entre nosotros, y puedes vislumbrar características únicas de Él a través de sueños, visiones, manifestaciones y percepción de su Presencia. El área evangelística te hace comprender la compasión, el poder, los milagros y la transformación que Jesús puede traer a una vida, lo cual te revela aspectos únicos de su persona que no conocerás de otra manera. La dinámica apostólica te guía a descubrir misterios de Jesús y la amplitud de sus planes que incrementan tu entendimiento del Hijo de manera inconmensurable. Como puedes ver, desarrollar intencionalmente, todas estas áreas, te llevará a una comprensión de Jesucristo amplia y madura. Y si desarrollamos los ministerios de forma coordinada como congregación, experimentaremos el conocimiento completo de la belleza y gloria del Hijo de forma creciente. No podemos alcanzar el completo entendimiento de Jesucristo si no aprendemos a movernos en estas cinco dinámicas.

3. A un Varón perfecto. Los cinco ministerios activos nos dirigen hacia el Varón perfecto, que se refiere a la integridad e integralidad de la persona de Jesucristo. Ser "perfecto" desde la cosmovisión bíblica tiene que ver con vivir en el estándar de estilo de vida que nos reveló Jesús. En Él podemos observar estas cinco áreas activas. Su carácter perfecto nos modela cómo desarrollar el nuestro a su semejanza. Su conocimiento perfecto de la Palabra nos revela cómo vivir una vida de meditación, estudio y aplicación de la Biblia en nuestro andar cotidiano. Su sensibilidad perfecta al Padre y al discernimiento de lo que no se puede percibir con los sentidos naturales, nos inspiran a llevar una vida profética como la que Él modeló. Su compasión perfecta establece el camino y parámetro con que tenemos que conducirnos amando al prójimo y anunciando el evangelio en todo tiempo. Su madurez perfecta al coordinar las cinco áreas y predicar las profundidades del reino de Dios, nos invitan a dejar los egoísmos y pequeñeces, y abrazar el modelo integral del evangelio. Como puedes observar estas cinco dinámicas son reflejadas plenamente en Jesús y podemos alcanzar la perfección de este Varón al desarrollarlas.

4. **La medida de la estatura de la plenitud de Cristo**. El mayor objetivo de estas cinco columnas es alcanzar la plenitud de Jesús. Recuerda que la meta de Dios es formar a Cristo en las personas. Estas cinco áreas llevan a que los cristianos crezcan a la estatura de su plenitud. Cada una nos da una expresión de Jesús, una faceta y una manifestación de su carácter. Al no incrementarlas coordinadamente, la formación del Hijo en nuestras vidas queda incompleta. Hay una medida disponible para alcanzar en el evangelio y Dios nos otorga el camino para vivir en ese nivel. Podremos ver la plenitud de Cristo en cada miembro de una congregación, cuando estos cinco ríos estén activos.

Una iglesia integral

Como puedes notar, cada ministerio es una característica de Cristo necesaria en nuestras vidas. Como un rompecabezas de cinco grandes piezas, si las conectamos en nuestro ser podemos formar la imagen de Jesús. La ausencia de alguna de ellas, hace que el cuadro sea incompleto. Es imposible alcanzar la plenitud de Cristo si no comenzamos a desarrollar estas características en nosotros. Es tiempo de activar estas dinámicas en nuestras vidas, ya que si alguna de estas cinco cualidades de Cristo no está presente, una parte de Cristo está ausente. Para

> ***"Si alguna de estas cinco cualidades de Cristo no está presente, una parte de Cristo está ausente"***

esto, Dios levanta líderes, modelos y ejemplos, pero necesitamos ser intencionales en desarrollar las dinámicas de cada área. Podemos estudiar la vida de Jesús, y ver cada uno de estos atributos presentes en Él. Imitar a Cristo es crecer en los cinco ministerios.

A veces Dios enfatiza alguna de estas áreas de forma específica en las personas porque está incrementando una carga determinada. Sin embargo, necesitamos separar lo que es nuestra asignación ministerial de nuestro llamado esencial como hijos de Dios. Podemos potenciar uno de estos ministerios por nuestro llamado al servicio en el Cuerpo de Cristo, pero tenemos que desarrollarlos todos de forma personal por nuestro propósito de ser como Jesús. En la naturaleza de cada cristiano, está la meta de llegar a la estatura del Varón perfecto. Por esto, perfeccionarnos en las características básicas de cada ministerio se vuelve la mayor responsabilidad y prioridad de cada hijo de Dios.

Una iglesia integral es una cuyos miembros crecen en estas cinco dinámicas de forma coordinada e intencional. Que haya un pastor en la iglesia no significa que esta sea pastoral si cada integrante en ella no ama ser pastoreado y discipular a otros. Que haya un maestro en la iglesia no significa que esta sea bíblica, a no ser que toda la congregación tenga una ferviente devoción por la Palabra. Un profeta nombrado y reconocido en la iglesia no es igual a que la iglesia sea profética. La única manera que esto se dé es que todos los que componen la congregación estén creciendo en su habilidad de oír a Dios, percibir su Presencia y estar ejercitados en sensibilidad espiritual. Tener un evangelista que dirige cruzadas y gana almas no significa que la iglesia sea evangelística, a menos que cada integrante desarrolle compasión y celo por los perdidos. Un apóstol tampoco determina que la iglesia sea apostólica si toda esta congregación no tiene una visión global, madura y coordinada de cada ministerio y área del reino. Cuando todos los cristianos que componen esa comunidad asumen las responsabilidades no solo por un llamado local o individual, sino por la construcción completa, podemos decir que la iglesia está creciendo en lo apostólico. Este diseño espiritual y glorioso de cinco ministerios puede ser vivido en distintos niveles por todos. Podemos ver niños moverse en estas cinco áreas, así como ancianos. Familias y comunidades guiadas por estos rieles van a llegar a lugares a donde nunca podrían ir por sus propias fuerzas.

Dedicaré los próximos capítulos a desarrollar en profundidad cada ministerio y cómo puede ser aplicado a nuestras vidas cotidianas, familias y comunidades. Veremos definiciones bíblicas sobre cada área y por otro lado, formas prácticas de aplicación. Asumiremos el desafío de sacar estos conceptos de las "vitrinas religiosas" de aspectos inalcanzables y lejanos del reino, para traerlos a la realidad de lo que cada cristiano puede y debe vivir.

Recuerda que Dios levanta a algunos para perfeccionar a todos. Sin embargo, el propósito final de este diseño es una iglesia integral y madura, en la que cada integrante alcanza niveles superiores de fe y conocimiento de Dios. Aquel que comenzó esta obra, prometió perfeccionarla. Tenemos los planos en la mano, solo necesitamos movernos de acuerdo a su diseño original. La iglesia no falla, alineémonos con su idea inicial y veremos el poder de este plan en su mayor esplendor.

Jesús sigue diciendo que roguemos al Padre para que envíe obreros a la mies. Veo un ejército de constructores dispuestos a usar este molde sagrado para que la iglesia vuelva a tener la forma con la que fue pensada. Estoy convencido que veremos la mejor versión de la iglesia de la historia en los próximos años. Ya hemos visto avivamientos en alguna de estas columnas de forma aislada. Sin embargo, estamos entrando en nuevos niveles de madurez y experimentaremos el avivamiento de la plenitud de lo que Dios estableció. Un despertar pastoral, bíblico, profético, evangelístico y apostólico está comenzando. Dios va a avivar su obra en medio de los tiempos, pero no será un avivamiento más, será la revolución de la iglesia integral.

Capítulo 3

MINISTERIO PASTORAL

El carácter de Cristo

Capítulo 3

MINISTERIO PASTORAL

El carácter de Cristo

Nunca has visto a alguien tan manso y humilde como Él. Su mirada trae calma y seguridad. El profeta lo describió como un cordero siendo llevado al matadero que no abre su boca. Su obediencia y sujeción le dan una autoridad abrumadora. A la vez es un león. Feroz en sus palabras y tajante en sus acciones. Capaz de enmudecer un ambiente entero por el peso de su interior. Por momentos lava pies como el siervo más humilde y en otros, tira mesas como un guerrero radical. Llora ante el dolor de ver a un amigo en problemas y ríe en la última cena con los suyos. A todos les gusta estar cerca de Él. Su carácter es una roca sólida en quien todos quieren apoyarse. Tiene dominio propio para no responder ofensas ni escupitajos. Es bondadoso con los más necesitados y misericordioso con los que más errores cometen. Sabe a quién afirmar y a quién confrontar. Para muchos es el "buen" Pastor, para mí es el "mejor".

La pregunta que me hago es: ¿De dónde viene su autoridad? Juan registra las palabras que utilizó Jesús, al responder este asunto.

"...De cierto, de cierto os digo: No puede el Hijo hacer nada por sí mismo, sino lo que ve hacer al Padre; porque todo lo que el Padre hace, también lo hace el Hijo igualmente".

Juan 5:19b

El secreto de Jesús está en su sujeción a la autoridad. Su carácter se nutre en su obediencia. Lo vemos en todo su ministerio, sin embargo esta actitud de ser pastoreado y guiado comienza en su niñez. Lucas cuenta la relación que el niño Jesús tenía con sus padres a sus doce años, aun cuando ellos no lo entendían.

"Mas ellos ***no entendieron*** *las palabras que les habló. Y descendió con ellos, y volvió a Nazaret, y* ***estaba sujeto a ellos****. Y su madre guardaba todas estas cosas en su corazón".*

Lucas 2:50-51

(énfasis añadido por el autor)

"Quien se cree demasiado grande para ser guiado por otros, es demasiado pequeño para guiar a otros"

Dios estaba activando a Jesús en sabiduría y gracia. Le estaba revelando sus tesoros y propósitos. Sin embargo, aunque no era comprendido en todo, vivía en sujeción a sus padres. Este estilo de vida produjo un carácter tan firme que lo hizo perseverar hasta el final. Quien se cree demasiado grande para ser guiado por otros, es demasiado pequeño para guiar a otros. Jesús supo ser pastoreado y pastorear. Es el ejemplo de Hijo, por lo tanto Dios lo hizo Padre Eterno.

Ahora estoy viendo la escena del Getsemaní. Él tiene un deseo pero el Padre tiene otro. Le toca beber una copa amarga que la mayoría de los humanos encontraría la forma de evitar. Sin embargo, su Padre le pide que la beba. El Rey del universo se hace obediente hasta la muerte. Él sabe cuándo ser cordero y cuando ser león. Mientras muchos están viendo un corderito indefenso clavado en una cruz, el infierno está presenciando un león que lo está venciendo. Mientras se desangra en humildad, despoja demonios y principados en autoridad. Ese es

Jesús, el hombre con el carácter perfecto, que irrumpió en la historia y restauró la eternidad.

Pero esto no queda aquí. Una vez que resucitó, estableció un diseño para que sus seguidores puedan obtener este carácter y autoridad. Modeló el camino y nos invita a transitarlo. Su propósito es formar una comunidad de creyentes que porten su carácter. Un ejército de corderos y leones. Y para esto constituyó el ministerio pastoral.

"Y Él mismo constituyó a unos... PASTORES..."

Efesios 4:11

El carácter de Cristo

Jesús mismo estableció pastores en el diseño de la iglesia. ¿Cuál fue su intención al levantar referentes en esta área? Enseñarles a los suyos el camino que lo hizo formar un carácter tan extraordinario. La forma de imprimir su esencia en el interior de sus discípulos es instruirlos en un estilo de vida de obediencia sin condiciones. Es esta dinámica la que nutre el ser de los hijos de Dios, impartiendo las características de Cristo en la naturaleza de la iglesia. *El Hijo, por lo que padeció aprendió obediencia*[31]. Si el ser humano más perfecto que transitó este planeta tuvo que aprender esta materia del carácter, ¿cuánto más nosotros, seres tan imperfectos?

Perfeccionar a todos los santos en el "ser" es el propósito principal del ministerio pastoral. Es el deseo y plan de Dios que cada cristiano tenga activo este aspecto. Al trabajar nuestro carácter a través de esta columna, aprendemos a relacionarnos con otros a la manera de Jesús. Por medio de estas dinámicas, recibimos cualidades esenciales para conectarnos de forma sana con otros, construyendo comunidades y familias que honran a Dios. Todos los atributos que el área pastoral nos aporta, nos hacen mejores hermanos, padres, compañeros y amigos. Algo sucede en el corazón humano cuando elige el camino de la obediencia y sujeción. Es como domar una yegua salvaje y domesticarla para que aprenda a moverse en manada. Las congregaciones sanas son las que han adoptado la idea pastoral que Jesús modeló.

Como ya hemos afirmado, la meta de Dios es formar a Cristo en cada creyente y el carácter del Hijo es una pieza fundamental del diseño. Es por medio del área pastoral que Dios nutre el interior de sus hijos y les enseña a ser corderos y leones. Y tengo una noticia para darte: el fin de este ministerio se cumple por encima de la perfección o habilidad del pastor que Dios nos asignó. Aun cuando nos toca padecer en el camino de obedecer, por estos sufrimientos somos perfeccionados y recibimos autoridad. Entonces aquellos que deben enfrentar modelos de liderazgo difíciles, son los que potencialmente desarrollarán el carácter más lleno de Cristo para guiar y relacionarse con otros. Quizá esta sea la razón por la que los referentes más trascendentes en la Palabra de Dios, fueron sometidos a autoridades imperfectas. Este es el camino para formar un corazón conforme al suyo.

El secreto es que cada discípulo tenga la actitud correcta y el deseo de mantenerse en obediencia y bajo sujeción en las distintas temporadas que va atravesando en la vida. Comprobaremos que hay excepciones en esta regla, cuando la autoridad manipula, abusa o exige quebrar mandamientos de Dios. Sin embargo, la actitud del cristiano hacia el liderazgo siempre es determinante para que la plenitud de Cristo sea desarrollada. Dios está tan comprometido con su diseño, que es capaz de sobrepasar los errores de algún líder para honrar la humildad y sujeción de hombres y mujeres que anhelan ser como Cristo. Si quieres ser como Él, necesitas transitar el sendero de la sujeción.

Comenzaremos este camino de restauración de los cinco ministerios, por el pastoral. En esta primera columna del diseño de Dios que estamos abordando, la palabra clave es *carácter*. El propósito de Dios es entrenarlo a través de todos los aspectos de este ministerio. La iglesia integral es una comunidad de discípulos que son discipulados y discipulan a otros, donde se conectan sanamente entre todos, reflejando el corazón del Padre en cada relación. A veces nos conformamos con ser buenos hijos de Dios, pero también el Padre quiere que seamos buenos hermanos de otros. Al reconocer que hay padres y madres espirituales, se activan los hijos y se fortalece la comunión mutua. Que Jesús establezca pastores, es una señal de su deseo de que operemos como familia. Para que este diseño funcione, la responsabilidad no recae solo en pastores que deben ejercer bien su asignación, sino también en discípulos que honran su rol no solo con sus líderes sino también con sus hermanos. La columna pastoral busca restaurar la idea de Dios de redil y comunidad. Esta dinámica fluye en muchas direcciones. Jesús pastoreó, fue pastoreado y se relacionó con otros fortaleciendo los vínculos como familia espiritual. Para ser una comunidad pastoral debemos atender varias direcciones: la relación de padres con hijos, hijos con padres y hermanos entre sí. Un cristiano que entiende y honra la dinámica pastoral, contribuye a la idea de Dios de tener una familia.

> ***"Un cristiano que entiende y honra la dinámica pastoral, contribuye a la idea de Dios de tener una familia"***

El propósito de la dinámica pastoral

Quisiera animarte a que por el momento, dejes de ver solamente el ministerio pastoral a través de la imagen de un pastor predicando en un púlpito. Si bien esta es una pieza importante del área, es mucho más que eso. Es una idea de Dios para forjar tu carácter y enseñarte a conectarte con otros sanamente. Representa el deseo de Dios de formar humildad, obediencia, lealtad, mansedumbre, templanza, dominio propio, quebranto y tantas expresiones más del "ser" de Cristo en nuestras vidas. Mientras otros aspectos del reino te harán crecer en el "hacer", es esta influencia la que te guía a desarrollar tu "ser". En ese proceso Dios utiliza pastores, líderes y autoridades, pero más allá de ellos, cuando entiendes el propósito de la dinámica pastoral, comienzas a recibir riquezas incomparables en tu interior. En un rebaño, un pastor no solo se encarga de cuidar, alimentar y fortalecer a las ovejas, sino también guiarlas a andar junto a otras. No solo este ministerio es usado por Dios para que crezcamos individualmente, sino para que aprendamos a ser comunidad. Entonces más que exigir a tus líderes que te "hagan seguimiento", comienzas a seguirlos porque quieres ser pastoreado. En el proceso de seguir a tus pastores, Dios fortalece tu personalidad y te conecta con otros. La mayor recompensa de honrar el ministerio pastoral es que el carácter de Cristo es formado en nosotros.

"La mayor recompensa de honrar el ministerio pastoral es que el carácter de Cristo es formado en nosotros"

A veces, por ignorar este diseño, creemos que Dios nos dio pastores como empleados a nuestra disposición, para que estén a nuestro servicio en todo lo que necesitemos. Pero miremos el modelo pastoral perfecto. Cuando Jesús reclutó a sus discípulos y activó este aspecto en ellos, no les dijo: *Los voy a seguir, llamar una vez por semana, enviar mensajitos de texto, saludar los domingos en el culto y predicar cosas lindas que les gusten.* Él les dijo: *Síganme. Habrá momentos de mucho deleite y otros muy difíciles, pero si me siguen, en ese proceso su carácter será transformado, aprenderán a ser familia junto a otros y harán avanzar el reino de forma consistente.* Dios está levantando una iglesia integral, que más que presentar exigencias religiosas a sus líderes sentándose en sillas de juicio, ven a sus autoridades, con sus errores y virtudes, como la herramienta que Dios utiliza para formar a Cristo en ellos. Aquellos que critican y juzgan a sus autoridades se vuelven débiles en carácter y no solo se desconectan de sus líderes sino también del rebaño. Pero la obediencia, misericordia, sujeción y honra, producen un carácter sólido y fuerte para llegar a la meta. Por esto Jesús mismo establece autoridades. Necesitamos todos juntos restaurar la dinámica pastoral en la iglesia, y esto no es solo responsabilidad de los pastores. Una iglesia pastoral está emergiendo como una familia funcional que refleja las características del reino. Dios está comprometido con perfeccionar a los santos. Restaurar la conexión con tus pastores y hermanos es clave en este proceso.

Creados para pastorear

Todos fuimos llamados a pastorear en cierto nivel. Desde el Edén recibimos el mandato de gobernar y liderar. La imagen de Dios en el ser humano lo hace un líder en esencia. Parte del pecado original fue no responder a esta asignación. Los que fueron llamados a ser reyes, se hicieron esclavos. Y miles de años después, los seres humanos siguen eligiendo alejarse de su diseño original y cada vez están más atrapados en cadenas de esclavitud.

El ministerio pastoral nos libera para ejercer el plan de Dios. Nos inspira a responder al mandato original. Restaura la autoridad a través de la obediencia y vuelve a colocar al ser humano en posiciones de gobierno espiritual. Mientras el mundo dice: *"no te sometas a nadie, ni a tus padres, ni a las autoridades,*

"Quien se somete a la autoridad, será establecido en autoridad. Nuestra libertad no se encuentra en la rebeldía sino en la sujeción"

menos a tus pastores, sé libre", Dios establece líderes para activar nuestra obediencia y hacernos verdaderamente libres. Quien se somete a la autoridad, será establecido en autoridad. Nuestra libertad no se encuentra en la rebeldía sino en la sujeción.

Fuimos creados para guiar e influenciar a otros. Todos en cierto nivel tenemos que activar el área pastoral. Pero no podemos liderar si no aprendemos a ser liderados. Los aciertos y errores de un pastor son nuestra mayor escuela. Por eso, ni aun las fallas del ser humano abortan el diseño divino. Recuerda, fuimos creados originalmente para reinar. Un hombre perdió el reino, pero otro lo recuperó. Y ese postrer Adán no solo restableció lo que el hombre extravió sino que se determinó a restaurar la habilidad de gobernar en la raza caída. Por esto fundó un diseño y estableció parámetros. Al edificar la iglesia y levantar pastores, la intención de Jesús es inspirarnos y enseñarnos a tomar el liderazgo. No todos fuimos llamados a desarrollar el oficio pastoral o dirigir una congregación, pero todos hemos sido creados para gobernar. Desde nuestro dominio propio, carácter, hijos, familia, discípulos y áreas de la sociedad, el liderazgo es un área esencial de nuestro diseño. No podemos vivir el modelo de Dios si no ejercemos autoridad. El propósito final es que cuando Cristo regrese, reinaremos literalmente sobre toda la tierra[32]. El ministerio pastoral es, en cierto nivel, un llamado para todos los hijos de Dios. Y Jesús constituye a algunos para enseñar a todos cómo llevar a cabo esta tarea intrínseca en el ser humano. Esta área en cada iglesia es el lugar de entrenamiento de los santos. Dios te colocó en una congregación para restaurar tu habilidad de liderarte a ti mismo e influenciar a otros. En este ámbito somos entrenados como hijos, hermanos y padres según el diseño de Dios. Nunca dejes de darle gracias al Padre por ser parte de este modelo glorioso llamado iglesia.

Pastoreados para ser como Él

Vas a crecer en los próximos años en el carácter de Cristo, en la medida que seas pastoreado y te pastorees a ti mismo y a otros. Necesitas comenzar a orar por tus pastores y clamar por la restauración de esta dinámica en tu vida. Precisas discernir que una de las mayores metas de Satanás es debilitar y quebrar tu relación con tus pastores. De esta sutil manera, él estará contaminando con rebeldía, independencia y orgullo tu carácter. Recuerda que no puedes crecer a la medida de la estatura del Varón perfecto si no eres pastoreado. Amar, rendir cuentas y obedecer a tus pastores produce en tu naturaleza una inyección divina poderosa. Aun perdonarlos y ser pacientes cuando su humanidad y debilidad salen a la luz, incrementa la sustancia de Cristo en tu interior.

> ***"Vas a crecer en los próximos años en el carácter de Cristo, en la medida que seas pastoreado y te pastorees a ti mismo y a otros"***

Una de mis definiciones personales y preferidas de un pastor es: *Aquel que te dice "no" a lo que te gustaría recibir un "sí"*. ¿Te ha sucedido alguna vez? He aprendido cómo Dios utiliza esos "no" para entrenar aspectos de tu naturaleza vitales para crecer a la medida de la estatura de Cristo. Jesús recibió un "no" en el Getsemaní cuando le pidió a su "Pastor" que no le haga pasar la copa de la cruz. Sin embargo, esa respuesta lo hizo obediente y por consiguiente, Rey. Mientras vemos miles de cristianos alejándose del diseño de Dios de iglesia integral, al abortar procesos en sus iglesias locales porque sus pastores no les dicen lo que quieren escuchar o no les dan lo que desean recibir, encontramos el ejemplo de Aquel que por lo que padeció aprendió obediencia y fue hecho autoridad de todos.

"Y aunque era Hijo, por lo que padeció aprendió la obediencia; y habiendo sido perfeccionado, vino a ser autor de eterna salvación para todos los que le obedecen; y fue declarado por Dios sumo sacerdote según el orden de Melquisedec".

Hebreos 5:8-10

No podemos ser perfeccionados si no aprobamos la materia de la obediencia. Y esta no puede ser probada si no aprendemos a movernos de acuerdo a lo establecido por Él. Recuerda que Dios está en el asunto de perfeccionar a los santos para darles autoridad en los últimos tiempos. La obediencia es el arma secreta del reino de los cielos. Y para que esta sea calibrada necesita ser puesta a prueba. Por esto Jesús establece pastores.

El pecado que fundó el reino de las tinieblas

Por el lado contrario, la rebeldía es el pecado que fundó el reino de las tinieblas. El origen de la rebelión está en Satanás[33]. No existía la idea de cuestionar la autoridad hasta que el diablo lo hizo. Cada vez que nos rebelamos ante nuestros líderes, le recordamos a Dios el pecado que creó el reino enemigo. La rebeldía no solo corrompe nuestra relación con Dios sino que divide la familia. Entonces el propósito de Dios es atacado cuando se manifiesta la desobediencia en cualquiera de sus expresiones.

"Cada vez que nos rebelamos ante nuestros líderes, le recordamos a Dios el pecado que creó el reino enemigo"

Quizá sea esta la razón por la que vemos a Dios ser tan severo con los casos de desobediencia, crítica o levantamiento contra la autoridad en la historia de su pueblo. Desde la desobediencia de Adán y Eva, la rebelión de Cam el hijo de Noé[34], el fuego extraño de Nadab y Abiú[35], la murmuración de Aarón y María[36], la rebelión de Coré, Datam y Abiram[37], entre los casos más destacados, vemos el juicio de Dios sobre todos aquellos que se opusieron al diseño. Lepra, muerte, fuego consumidor y otras calamidades reflejan en estas historias el carácter de Dios ante quienes se oponen a la autoridad espiritual. Una y otra vez Satanás trata de seguir introduciendo rebelión en los corazones humanos para sacarles autoridad y neutralizarlos. El ministerio pastoral es una herramienta que Dios utiliza para devolverles la facultad para gobernar a sus hijos y restaurar el diseño de familia espiritual. La cultura de "Babilonia" promueve la independencia, una falsa libertad y la rebeldía. Estas actitudes alejan al ser humano del reino de Dios y le quitan la autoridad para liderar. Por el contrario, la cultura del reino es obediencia, sumisión al liderazgo y honra. Quienes valoran y restauran el diseño de la iglesia integral, reciben autoridad para someter todos los poderes y principados del mundo bajo sus pies. La iglesia está por encima de todo otro reino, pero solo cuando funciona según los planos de quien la estableció.

"Y sometió todas las cosas bajo sus pies, y lo dio por cabeza sobre todas las cosas a la iglesia".

Efesios 1:22

Es por esto que la obediencia y sumisión empoderan mucho más a las personas que la independencia y la rebeldía. Y el verdadero amor a la autoridad se prueba cuando estas cometen errores. Cualquiera es obediente a un líder perfecto. Pero cuando Jesús dijo en Efesios 4 que Él mismo constituyó pastores, ya sabía que el hombre con naturaleza caída cometería errores. Estos líderes no son traídos del cielo ni seres angelicales inmunes a las fallas. El Señor determina que en el diseño de la iglesia integral habrá pastores débiles ungidos con autoridad por Él mismo, que serán funcionales al propósito de formar el carácter de Cristo en los discípulos. Él enseña que en la dinámica de sujetarnos a hombres y mujeres elegidos por Dios pero llenos de debilidades, nuestro carácter será fortalecido en otro nivel para perseverar hasta el fin. Por eso en lugar de mirar al hombre, necesitas entender el diseño. A veces creemos que si tuviéramos un pastor súper ungido y sin errores, entonces nos sujetaríamos y honraríamos el ministerio pastoral. Pero el secreto no es la perfección del líder, sino la disposición del carácter. Jesús fue el mejor modelo de pastor que hemos visto en la historia, sin embargo, Judas se rebeló. Allí podemos notar que la excelencia del líder no determina la obediencia del discípulo. Necesitamos correr la excusa de los límites de nuestra autoridad para no abrazar el diseño pastoral, y aspirar a ser como Cristo al honrar y amar a nuestros pastores.

"La obediencia y sumisión empodera mucho más a las personas que la independencia y la rebeldía"

Muchas veces Dios confronta nuestra mente a través de las autoridades, para que salga a la luz lo que hay en nuestro interior. Él permite circunstancias difíciles o hasta injustas para que lo que está en nuestro corazón se manifieste. Ante las pruebas, injusticias o errores de la autoridad, ¿qué es lo que expresas? ¿Misericordia, perdón y paciencia o rebeldía, enojo y juicio? Dios es capaz de utilizar cualquier situación para hacernos parecidos a Él. Porque sin el carácter correcto, no podemos ejercer el liderazgo correcto y desarrollar relaciones correctas. Por eso, como veremos más adelante, todos los grandes hombres y mujeres de Dios en la Palabra, han sido probados en esta área. Antes de ser promovidos tuvieron que ser procesados en su obediencia al liderazgo. Nunca olvides que antes de levantarte Dios probará tu sujeción, ya que el pecado que corrompió a Satanás fue la desobediencia a la autoridad.

No estoy escribiendo estas palabras para que soportes a tus líderes y aguantes una temporada más en tu congregación. Siento que el Espíritu Santo está abriendo tus ojos ahora y que vas a abrazar este diseño. Vas a amar la obediencia y fortalecer esta columna. Deja que Dios consuma tus excusas y vuelve al plan original. Cuanto más amas y perdonas, más te vuelves como Cristo. Cuanto más juzgas y criticas, más te alejas de su diseño.

La consecuencia de un corazón obediente, son discípulos. A veces preferimos tener razón antes que frutos. La Palabra no dice que por tus argumentos te conocerán, sino por tus frutos. Un día tendremos que presentar delante de Dios todos los discípulos que fuimos llamados a guiar. Él no te pedirá cuenta de todos los debates que ganaste sino de las personas que discipulaste. Al final del día, es mejor tener amor que tener razón. La razón gana discusiones; el amor, relaciones. Y el amor con que tenemos que relacionarnos con nuestros líderes es el de 1 Corintios 13, que todo lo soporta, todo lo sufre, todo lo espera, todo lo puede. El que no guarda rencor ni busca lo suyo. La autoridad para dar frutos y discipular a otros se activa cuando desarrollamos la dinámica pastoral. Déjame hacerte algunas preguntas. ¿Estás conforme con todos los discípulos que tienes? ¿Estás viendo frutos en ellos? ¿Sientes autoridad para que muchos sigan a Cristo a través de tu vida? ¿Estás reproduciendo el diseño correcto? No te conformes, alinéate al plan supremo de Dios y verás que fuiste creado para esto.

> ***"Es mejor tener amor que tener razón. La razón gana discusiones; el amor, relaciones"***

Obedecer en circunstancias difíciles

Sé que hay casos extremos en que las autoridades fallan. Si bien hay distintos tipos de errores, entiendo que hay algunos que son graves.

No estoy refiriéndome en esta sección a que te mantengas bajo un pastorado abusivo que te manipula alejándote de los principios de Dios. Sin embargo, los errores humanos nunca fueron una excusa para que Dios abortara el plan. Quisiera quitar del camino esta piedra, para que no nos robe el foco principal de lo que estamos hablando. ¿Siempre tengo que obedecer? ¿Hay permiso bíblico para no hacerlo?

La respuesta es que debemos obedecer toda autoridad, menos cuando esta nos haga quebrar explícitamente un mandamiento de Dios. El mayor ejemplo bíblico son los tres jóvenes de Babilonia. En una ocasión, su gobernante les exigió quebrar un precepto de Dios pidiéndoles que adoren una estatua y si no, sufrirían la pena de muerte. Ellos no lo hicieron. Tenemos permiso de no obedecer la autoridad cuando esta nos pide que rompamos un principio de Dios. Es interesante ver cómo estos jóvenes lejos de juzgar o criticar al rey, presentaron su posición y se mantuvieron en respeto ante él. Podemos notarlo en su forma de referirse al monarca.

"He aquí nuestro Dios a quien servimos puede librarnos del horno de fuego ardiendo; y de tu mano, oh rey, nos librará. Y si no, sepas, oh rey, que no serviremos a tus dioses, ni tampoco adoraremos la estatua que has levantado".

Daniel 3:17-18

Nota la forma en que se refirieron a este gobernante pagano. Nunca perdieron el respeto, aun ante la aberración que Nabucodonosor les estaba exigiendo. Esa actitud de reino, tan alineada al corazón de Dios, hizo que el milagro aconteciera. Dios los libró del horno de fuego y se glorificó. Es interesante notar que los tres jóvenes se mantuvieron bajo la autoridad del rey una vez que fueron librados. El Señor siempre respalda a quienes honran su diseño con obediencia y humildad. ¡Hay tanto poder en honrar el área pastoral! Te escribo estas palabras porque anhelo que seas activado en estos niveles de autoridad.

La Biblia está llena de casos de personas claves del reino que fueron guiadas por Dios a someterse ante líderes "difíciles" de seguir. En cada ocasión, Dios utilizó esa dinámica para formar el carácter divino en ellos. Un buen ejemplo es el de David. Él no habría podido ser un hombre conforme al corazón de Dios sin el proceso que tuvo que pasar con Saúl. El jovencito pastor de Belén sí que la tuvo difícil. Dios lo ungió como rey, sin embargo su "pastor" nunca reconoció su llamado. Por el contrario lo envidió y procuró matarlo. Le arrojó lanzas, lo amenazó, persiguió y se obsesionó en su contra. Sin embargo, el corazón de David siempre se mantuvo humilde y leal. Dios utilizó este liderazgo dañino para entrenarlo. En una ocasión David tuvo la oportunidad de deshacerse de Saúl. Quienes estaban cerca de él, le aconsejaron que lo mate infiriendo que era la voluntad de Dios y que se lo había entregado. Es evidente cómo la rebeldía siempre encuentra base bíblica y a alguien que diga que es justicia divina. David estuvo a punto de hacerlo, pero el testimonio del Espíritu no lo dejó.

"Entonces los hombres de David le dijeron: He aquí el día de que te dijo Jehová: He aquí que entrego a tu enemigo en tu mano, y harás con él como te pareciere. Y se levantó David, y calladamente cortó la orilla del manto de Saúl. Después de esto se turbó el corazón de David, porque había cortado la orilla del manto de Saúl. Y dijo a sus hombres: Jehová me guarde de hacer tal cosa contra mi señor, el ungido de Jehová, que yo extienda mi mano contra él; porque es el ungido de Jehová".

1 Samuel 24:4-6

¡Cuán maduro debe estar tu carácter para que veas al ungido de Jehová en un hombre que está haciéndote la vida imposible! Sin embargo, David tenía el corazón conforme al de Dios. Entendió que esto era un proceso para forjar su "ser". Es mi oración que cada vez que la rebeldía quiera despertarse en mi interior, Dios turbe mi corazón. Y también le pido que lo haga con el tuyo. Esta no fue la única vez que David fue probado. A los pocos días, la desobediencia volvió tentarlo. Evidentemente el espíritu de rebelión no se da por vencido fácilmente. En esta ocasión, una de las personas más cercanas a David, estaba dispuesta a hacer el trabajo sucio por él. Sin embargo, observa su corazón en su respuesta.

"Y David respondió a Abisai: No le mates; porque ¿quién extenderá su mano contra el ungido de Jehová, y será inocente? Dijo además David: Vive Jehová, que si Jehová no lo hiriere, o su día llegue para que muera, o descendiendo en batalla perezca, guárdeme Jehová de extender mi mano contra el ungido de Jehová. Pero toma ahora la lanza que está a su cabecera, y la vasija de agua, y vámonos".

1 Samuel 26:9-11

Es notorio cómo David decide no sentarse en la silla de juez. Él deja que el veredicto lo dé Dios. O sea, en otras palabras: *Si Él está permitiendo que esté bajo este proceso de liderazgo, Él es Dios, Él decide, y todo lo que Él hace, por más que no lo comprenda, es lo mejor para mí.* David tiene claro el principio: Dios pone y Dios saca. El apóstol Pablo lo expresó de esta manera:

"Sométase toda persona a las autoridades superiores; porque no hay autoridad sino de parte de Dios, y las que hay, por Dios han sido establecidas. De modo que quien se opone a la autoridad, a lo establecido por Dios resiste; y los que resisten, acarrean condenación para sí mismos".

Romanos 13:1-2

Pablo escribió esta carta a los creyentes que estaban en Roma bajo un imperio corrupto y diabólico que buscaba su destrucción. El apóstol estaba equipando a los santos de ese lugar con autoridad a través de los principios del reino para poder someter los poderes espirituales y multiplicar el evangelio. El entendimiento que le dio a Pablo autoridad en esta área en el primer siglo, es el mismo que había potenciado a David como el rey más trascendente de la historia de Israel. El joven conforme al corazón de Dios tampoco quería oponerse a lo establecido por Él y menos acarrear condenación para sí. ¿Puedes notar cómo las personas más fructíferas y que más discípulos tienen son aquellas que entienden el asunto de la obediencia a la autoridad? Siempre encontrarás buenos argumentos y, como en el caso de David, hasta algunos que utilicen la Palabra para justificar la rebeldía. Sin embargo, observa sus frutos. Y no solo la cantidad sino la calidad. Cuando me refiero a esto, hablo de cuán parecidos a Cristo son. El propósito de mi vida es levantar discípulos semejantes a Jesús. Y me gustaría que no me juzgues por mis argumentos, libros o palabras, sino por mis frutos. He aprendido que amar a la autoridad, abrazar el área pastoral, honrar a mis pastores en todo tiempo y crecer cada día en humildad y obediencia, son la clave para que esta meta sagrada se cumpla.

En el desenlace de la historia de David, se cumple lo que él había orado. Dios decide quitar a Saúl a su tiempo. Pero me asombra notar que él no deseaba que le vaya mal a Saúl. A pesar de todos sus errores como líder, lo amaba, porque honraba el diseño divino. Cuando Saúl murió, el carácter de David había sido forjado para tomar la autoridad. A veces Dios no puede quitar a los "Saúles" porque no hay "Davides" preparados en carácter, obediencia y humildad. Un "David" no procesado terminará siendo un "Saúl".

Llega el día de la muerte de Saúl en batalla a mano de un muchacho amalecita. Resulta que cuando este rey se vio rodeado por los enemigos, le pidió a un joven extranjero que pasaba por ahí, que le quitara la vida porque no quería morir a manos del adversario. El muchacho lo hizo y a los días tuvo un encuentro con David para informarle lo sucedido. Lejos de alegrarse, observa cuál fue su respuesta:

"Entonces David, asiendo de sus vestidos, los rasgó; y lo mismo hicieron los hombres que estaban con él. Y lloraron y lamentaron y ayunaron hasta la noche, por Saúl y por Jonatán su hijo, por el pueblo de Jehová y por la casa de Israel, porque habían caído a filo de espada. Y David dijo a aquel joven que le había traído las nuevas: ¿De dónde eres tú? Y él respondió: Yo soy hijo de un extranjero, amalecita. Y le dijo David: ¿Cómo no tuviste temor de extender tu mano para matar al ungido de Jehová? Entonces llamó David a uno de sus hombres, y le dijo: Ve y mátalo. Y él lo hirió, y murió".

2 Samuel 1:11-15

¿Puedes ver el concepto que tenía David de la autoridad? Mató al que había quitado la vida de quien Dios había establecido. Él logró ver el diseño del Padre por encima del error del hombre. Siguió reconociendo a su líder corrupto como "el ungido de Jehová". Ungido significa elegido. En otras palabras, si Dios lo escogió, yo no soy quién para cuestionarlo. Y no solo eso, sino que decide matar a quien se opuso a lo que Dios ungió. Un principio que he aprendido de este hombre conforme al corazón de Dios, es quitar de mi vida a todos aquellos que levantan su voz, su dedo acusador o pensamientos, en contra de una autoridad establecida por favor divino. Prefiero perder relaciones y argumentos, que el favor de Dios. He decidido honrar el diseño celestial cueste lo que cueste y pase lo que pase. Y el fruto de esto será mi habilidad restaurada e incrementada para discipular a otros.

Entonces, ¿qué hacemos cuando la autoridad falla? Esperamos en Dios, a que Él obre. Ver el ejemplo de David, me inspira a creer que el Señor levantará hombres y mujeres que no solo obedecen, sino que aman la autoridad y honran el diseño. Esta es una de las razones que me llevaron a escribir este libro. Anhelo que entender el propósito del ministerio pastoral, te inspire a abrazar la gran idea de Dios. Jesús es el dueño de la iglesia. Él la estableció y la sostiene. Él es el juez. Y mientras nosotros esperamos en Él con la actitud correcta, nos volvemos hombres y mujeres conforme al corazón de Dios. Pelear por esta idea traerá como resultado la unidad de la fe, el conocimiento del Hijo de Dios y comunidades formadas a la imagen de Cristo.

Discipular y hacer discípulos

Estamos fortaleciendo esta primera columna de la iglesia integral: el ministerio pastoral. Hemos visto que establecer pastores que hagan funcionar esta dinámica es una idea de Jesús. Quien se opone a esto, a lo establecido por Dios resiste. Fuimos creados para discipular, liderar y guiar a otros. Adán perdió este diseño en el Edén, y por siglos fue corrompido, pero Jesús vino a restaurarlo. Edificó su iglesia con cinco columnas de las cuales una es la pastoral. De esta manera, cuando el diseño funciona, Dios puede devolverle al ser humano la capacidad de gobernar, reinar y discipular. El ministerio pastoral es la herramienta que Él utiliza para restituirle al hombre la autoridad. Al fluir en esta dinámica, el carácter de los hijos de Dios es saturado de la naturaleza de Cristo y entonces las relaciones son restauradas. La comunidad y familia de fe es fortalecida por personas que con humildad y obediencia caminan dentro de los parámetros de este estilo de vida pastoral. También acabamos de ver que los errores de los líderes no abortan el diseño, por el contrario, exponen las debilidades de nuestro interior para modelarlas conforme al corazón de Dios. Quien permanezca siendo pastoreado y procurando discipular a otros, formará el carácter de Cristo y crecerá hacia la medida de la estatura del Varón perfecto.

El síntoma de que esta dinámica está activa en tu vida se manifiesta en tu deseo de discipular a otros. Cuando eres pastoreado y caminas en sumisión, creces en autoridad para mover a otros hacia su destino de gloria. Y no estoy hablando de una posición de liderazgo, sino que tu corazón ha sido vaciado de egoísmo, entonces quieres vivir para influenciar a otros. Personas son atraídas a aquellos que viven en este orden divino. Una autoridad y gracia abrumadora empieza a brotar de tu vida. La gente que se compromete con tu liderazgo es proporcional a cómo te comprometes con el liderazgo de tus pastores. Entonces el fin del ministerio pastoral es que discipules a otros. De todas las características de Cristo, el discipulado es una de las que más me asombra. Él invirtió su vida en doce personas y así acabó su obra. Fue tan impresionante su dinámica pastoral, que esos doce se convirtieron en cientos, solo un mes después de la resurrección. Luego miles, y el día de hoy millones de cristianos en todo el mundo. Cuando sumas discípulos según el diseño sagrado, Dios multiplica el reino.

La gran comisión no es solo ir y predicar, sino también hacer discípulos de todas las naciones. ¿Quieres ser más como Jesús? Necesitas encenderte en pasión por pastorear a otros. Él es el Buen Pastor y los que anhelan ser como Él, procuran ser buenos pastores. ¿Eres consciente que si inviertes tu vida en un grupo pequeño de personas, pronto podrías ver un fruto en cientos y miles? Si crees en este diseño, las cosas que Jesús hizo harás y aún mayores. Mientras escribo estas palabras, siento el ardor de Dios en mi interior por el ministerio pastoral. Anhelo invertir los próximos años de mi vida en ser como Jesús, por lo tanto, quiero ser pastoreado y discipular a otros.

En su última oración pública, aun antes de ir a la cruz, Jesús rindió cuentas por sus discípulos. No le dijo al Padre que su obra había sido predicar a multitudes, sanar enfermos ni multiplicar alimentos. Todo eso lo realizó mientras honraba su propósito principal: hacer discípulos.

"Yo te he glorificado en la tierra; he acabado la obra que me diste que hiciese".

Juan 17:4

Cuando Jesús comienza a detallar esta obra, se enfoca en sus doce discípulos.

"He manifestado tu nombre a los hombres que del mundo me diste; tuyos eran, y me los diste, y han guardado tu palabra... Cuando estaba con ellos en el mundo, yo los guardaba en tu nombre; a los que me diste, yo los guardé, y ninguno de ellos se perdió, sino el hijo de perdición, para que la Escritura se cumpliese".

Juan 17:6, 12

Jesús puso a los suyos bajo autoridad para darles autoridad. Los discipuló para poder enviarlos a hacer discípulos. Aun teniendo al mejor Pastor de la historia, uno se perdió. Allí vemos una vez más el principio, nuestra respuesta al ministerio pastoral no siempre es proporcional a la virtud o debilidad del líder. Es un asunto de carácter. Y quienes aprueban al ser pastoreados, son impulsados a multiplicar el diseño.

Un día, cuando tengas que hacer tu reporte final en su Presencia, Él te pedirá cuentas por tus discípulos. Esta no es una asignación para los del oficio pastoral, sino para todos los que fueron llamados a ser verdaderos cristianos. La iglesia integral es una comunidad donde todos discipulan. La gran comisión no es una responsabilidad de algunos, sino un mandato para todos. Si eres hijo de Dios, tu meta es llegar a ser como Cristo. Y para esto necesitas activar el área pastoral. Ser como Él, es discipular a otros. Fuiste creado para multiplicarte. Ese día final, Dios no te preguntará cuánto ascendiste en tu profesión, cuánto prosperaste en tu comercio, qué bienes materiales obtuviste, ni si quiera a cuántos cultos o congresos asististe. Aun a aquellos que hemos decidido servir al Señor como la prioridad de nuestras vidas, tampoco nos preguntará en cuántas naciones predicamos, ni cuántos libros escribimos o seguidores tuvimos en las redes. Él nos pedirá cuenta por las personas que discipulamos. El mayor aporte que podemos hacer a esta generación son discípulos formados a la medida de la estatura de Cristo. Si lo que estamos haciendo no honra el propósito de formar discípulos, estamos trabajando en vano. Sea que Dios te haya llamado a predicar, escribir libros, componer canciones, ejercer una profesión, ser empresario, artista o político, si no puedes conectar lo que haces con hacer discípulos, algo está fallando en tu llamado.

"El mayor aporte que podemos hacer a esta generación son discípulos formados a la medida de la estatura de Cristo"

¿Quiénes son aquellos del mundo que el Padre te entregó? ¿A quién estableció Dios en tu vida para que seas pastoreado? Solo puedes responder estas preguntas si estás dentro del diseño sagrado llamado iglesia integral. Dios estableció cinco ministerios para que cada una de las características de Cristo sea formada en los creyentes. El ministerio pastoral restaura nuestra obediencia a la autoridad y nos otorga autoridad para multiplicarnos en otras vidas.

Desde Cesarea de Filipo hasta hoy, la iglesia sigue siendo el diseño de Dios para detener el infierno y desatar el cielo. Sin embargo, esta tiene un formato de funcionamiento establecido por Jesucristo mismo. No se puede hacer iglesia de cualquier forma, tampoco a nuestra manera. Hay planos y bocetos divinos. Hay un diseño, y necesitamos honrarlo y restaurarlo. El Señor mismo constituyó el ministerio pastoral y es una idea gloriosa. Ha sido el modelo de Dios el que hizo que la iglesia prevalezca en la historia. La dinámica pastoral forja cristianos con fortaleza interna de Cristo. Este es el recipiente de la unción y el poder de Dios. Es por fortaleza interna que podemos perseverar hasta el fin. La resistencia ante todas las dinámicas difíciles de los últimos tiempos demanda una voluntad inquebrantable en los santos. Es imprescindible y vital restaurar el ministerio pastoral para mantenernos en pie cuando todo tiemble.

Oro para que tu corazón honre este principio y seas movido a fortalecer tu vínculo con tus autoridades espirituales como nunca antes, y también con el propósito de Dios de restaurar la familia espiritual. Clamo para que se despierte un celo por discipular a otros y formarlos a la imagen de Cristo. Es mi deseo que al finalizar tu carrera puedas presentarle al Padre tu obra acabada que, más que tareas, serán personas en quienes te multiplicaste. Crecerás en los próximos años en el carácter de Cristo en proporción a cuánto honres el ministerio pastoral. Ponerte bajo autoridad y darte autoridad sobre otros es una idea de Jesús. Alinéate a su diseño y verás el poder de la iglesia integral.

CONSEJOS PRÁCTICOS PARA ACTIVAR LA DINÁMICA PASTORAL

• *Busca a una persona con autoridad espiritual sobre tu vida* y pídele que te diga las cosas que no te gusta escuchar de ti para corregirlas.

• *Honra a tus líderes y pastores constantemente.* Te animo a que escribas una carta o mensaje de gratitud y amor a tus pastores para fortalecer el vínculo.

• *Rinde cuentas a tus líderes de tus acciones, aciertos y errores, regularmente.*

• *Sigue a tu pastor, no exijas que él te siga a ti.*

• *Pídele a tus líderes que te asignen alguna persona para guiar y acompañar espiritualmente.*

• *Ora pidiendo personas para discipular,* y si tienes discípulos intercede diariamente por ellos.

• *Multiplica los dones, talentos y habilidades que Dios te dio en otras personas.*

• *Comienza a honrar activamente a tus hermanos en la congregación,* fortaleciendo los vínculos a través de relaciones significativas.

• *Envía mensajes o haz llamados para honrar a otros e influenciarlos en el propósito de Dios.*

• *Si reconoces que has fallado en esta área en tu vida, pide perdón a Dios* y si es necesario hazlo con alguna autoridad que tengas o que hayas tenido.

Capítulo 4

MINISTERIO BÍBLICO

La sabiduría de Cristo

Capítulo 4

MINISTERIO BÍBLICO

La sabiduría de Cristo

Nunca tomó una mala decisión. Su juicio era perfecto. Cuando esperaban que grite, guardaba silencio. Cuando querían que calle, hablaba. Siempre tenía las palabras correctas. Poseía la habilidad de explicar grandes misterios en palabras que los niños podían entender. Escondía sus tesoros de los importantes y elegía brindarlos a los simples. Usaba parábolas e historias para traducir los misterios del reino a los indoctos y analfabetos. Los pobres lo entendían pero los ricos y autosuficientes eran confundidos. Los maestros de la ley, como Nicodemo, no encontraban argumentos para explicarlo. Todos querían escucharlo. A veces enseñaba con palabras, pero más lo hacía con actitudes y tiernas miradas. Muchos se preguntaban: ¿De dónde adquirió esa sabiduría? ¿En qué escuela de profetas estudió? ¿Quién le enseñó oratoria? ¿Dónde se preparó este hombre que hasta ahora nadie conocía?

Su ministerio comenzó a los 30 años, pero, ¿qué hizo hasta esa edad? La Palabra no nos da mucha información. Sin embargo Lucas relató algunos eventos de la niñez de Jesús. En una ocasión, había ido junto a su familia a la fiesta de Pascua en Jerusalén. Como buenos judíos, guardaban cada una de las costumbres y disfrutaban cada año de esta celebración. Transitaba su preadolescencia, cuando al regresar de la festividad sus padres notaron que Jesús se había extraviado. ¿Puedes imaginarte perder a tu pequeño hijo en una gran ciudad en medio de un multitudinario acontecimiento? Lo buscaron desesperadamente, y a los tres días lo hallaron. ¿Dónde estaba y qué estaba haciendo Jesús?

"Y aconteció que tres días después le hallaron en el templo, sentado en medio de los doctores de la ley, ***oyéndoles y preguntándoles****".*

Lucas 2:46

(énfasis añadido por el autor)

Jesús estaba inquiriendo en las Escrituras. Él aprendió el secreto de la sabiduría: *oír y preguntar.* Mientras que a nosotros nos encanta hablar, Jesús pasó treinta años escuchando e indagando. Entonces, cuando llegó el tiempo de comunicar, en tan solo tres años sus dichos marcaron la historia para siempre. El peso de las palabras de quien ha pasado su vida escuchando al Padre y estudiando las Escrituras, permanece por generaciones. Esta actitud de hambre por la Palabra que el joven nazareno desarrollaba, lo llevó a crecer en sabiduría y en estatura, en gracia con Dios y los hombres. Unos versículos después de la escena de Jesús oyendo y preguntando en el templo, encontramos la consecuencia de esta actitud:

"El peso de las palabras de quien ha pasado su vida escuchando al Padre y estudiando las Escrituras, permanece por generaciones"

"Y Jesús crecía en sabiduría y en estatura, y en gracia para con Dios y los hombres".

Lucas 2:52

Para crecer en estatura tienes que acumular años; para crecer en sabiduría, Biblia; y para hacerlo en gracia, carácter. Cuando llegó el tiempo de predicar, el Señor siempre utilizó la Palabra para fundamentar sus enseñanzas. Por esto lo llamaban Rabí. Pero no solo las enseñó, las aplicó. El Verbo se hizo carne, las Escrituras tomaron vida. Él poseía la habilidad de vivir la Palabra. Cada movimiento que realizaba era preciso. Nunca perdía tiempo. Con pequeños actos producía mucho fruto. Abría y cerraba puertas a su voluntad. Decidía a quién responderle y a quién no. Eligió dirigirse en diálogo a una samaritana y callar ante Poncio Pilato. Le contestó al ladrón en la cruz, pero guardó silencio ante el Sanedrín. Sabía cuándo alimentar a las multitudes y cuándo enviarlas a casa. Transformó a un grupo de pescadores en eruditos del reino. Supo cuándo hacer los milagros y cuándo comisionar a sus discípulos a realizarlos. Y al llegar a la cúspide de su ministerio, eligió la voluntad del Padre por encima de las expectativas de las personas. Sin dudas, Jesús fue el hombre más sabio que ha caminado sobre la tierra en toda la historia. ¿Te gustaría tener la sabiduría de Jesús? Para esto Él estableció el ministerio bíblico.

"Y Él mismo constituyó a unos... MAESTROS..."

Efesios 4:11

La sabiduría de Cristo

En el modelo de iglesia integral que Jesús instituyó, hay un ministerio que es fundamental para que la plenitud de Cristo sea formada en los creyentes: el bíblico o magisterial. Así como entendimos que el propósito del ministerio pastoral es formar el carácter de Cristo, en esta columna el fin es que los creyentes obtengan la sabiduría de Jesús. No podemos crecer a la medida de la estatura del Varón perfecto si no desarrollamos hambre por la Palabra. Para obtener la sabiduría de Cristo, precisamos activar esta dinámica bíblica. Esta es el área de la iglesia integral que Dios utiliza para imprimir su sabiduría en los discípulos.

Quiero animarte a ver esta columna no como un maestro enseñando la Palabra nada más, sino como una invitación a adquirir la inteligencia de Cristo. Así como vimos anteriormente, Dios levanta a algunos para perfeccionar a todos. El fin del ministerio bíblico en la iglesia integral son personas que conocen en profundidad las Escrituras, que tienen una experiencia viva con ellas y pueden aplicar los principios eternos a cada situación de la vida cotidiana. La Palabra de Dios es la mayor fuente de sabiduría de los santos. El ministerio bíblico es la mesa adonde nos acercamos a comer ese alimento que fortalece nuestra misión en la tierra. *"No solo de pan vivirá el hombre, sino de toda palabra que sale de la boca de Dios"*[38]. Entonces, en el diseño de iglesia, los maestros tienen que poner la comida en la mesa para que todos puedan acercarse a comer los manjares. Y no solo eso, deben enseñar a los santos a "cocinar" y "preparar" comida para otros. ¿Te gustaría tener la sabiduría de Cristo? ¿Desearías tener su perspectiva ante cada decisión de la vida? ¿Quieres comprender la realidad global desde la mente de Cristo? Esto está disponible para cada hijo de Dios que es activado en la dinámica bíblica.

Ojos que ven, corazones que arden

Hay un instante en nuestro diario caminar con Dios, cuando Él hace arder nuestro corazón abriéndonos las Escrituras. Puedes conocer la Biblia de tapa a tapa pero tener el entendimiento velado. Sin embargo, cuando Jesús decide destapar tus ojos y darte revelación, algo explota en tu interior. Esta fue la experiencia que vivieron aquellos dos discípulos camino a Emaús. Ellos conocían la Palabra pero todavía no les había sido revelada. Estaban tristes por las circunstancias y no podían ver los acontecimientos a la luz de las profecías. Se estaban yendo de Jerusalén cuando el derramamiento del Espíritu Santo estaba por suceder allí. Cuando a un cristiano no se le han abierto las Escrituras, vive en tristeza, sin comprender los sucesos actuales a la luz de la Palabra, y esta situación lo aleja del lugar donde Dios quiere manifestarse a su vida. Así estaban aquellos dos. Entonces Jesús salió a su encuentro. Los sacó de su ignorancia al mostrarles que las Escrituras hablaban de Él.

"Y comenzando desde Moisés, y siguiendo por todos los profetas, les declaraba en todas las Escrituras lo que de él decían".

Lucas 24:27

Una cosa es leer la Biblia, otra es encontrar a Cristo en la Palabra. Los fariseos conocían las Escrituras pero estaban ciegos a Jesús. Y con la ley en la mano, lo crucificaron. Hoy sigue habiendo muchos religiosos que matan lo que Dios está enviando con la Biblia en la mano. Dice el relato, que aquellos dos discípulos camino a Emaús tenían los ojos velados. Cuando el Maestro comenzó a mostrarles las letras vivas que lo revelaban a Él mismo, distintas cosas sucedieron en ellos. Su corazón comenzó a arder, sus ojos se abrieron y su boca se activó para testificar. Creo que la Palabra de Dios produce un avivamiento que nunca cesa. Entonces Jesús los sentó a la mesa y su entendimiento se abrió.

"Una cosa es leer la Biblia, otra es encontrar a Cristo en la Palabra. Los fariseos conocían las Escrituras pero estaban ciegos a Jesús"

"Y aconteció que estando sentado con ellos a la mesa, tomó el pan y lo bendijo, lo partió, y les dio. Entonces les fueron abiertos los ojos, y le reconocieron; más él se desapareció de su vista. Y se decían el uno al otro: ¿No ardía nuestro corazón en nosotros, mientras nos hablaba en el camino, y cuando nos abría las Escrituras? Y levantándose en la misma hora, volvieron a Jerusalén, y hallaron a los once reunidos, y a los que estaban con ellos".

Lucas 24:30-33

Primero Dios hace arder nuestro corazón para luego abrir nuestros ojos. Todo esto sucede cuando somos capaces de detener el ritmo frenético de la realidad cotidiana y sentarnos con Él a la mesa. Entonces la visión es restaurada, el entendimiento viene y volvemos al lugar donde Dios nos quiere para manifestarse. Los discípulos volvieron a Jerusalén y se reconectaron con el Cuerpo. Ese es el propósito del ministerio bíblico, hacerte arder el corazón, activar tu vista espiritual y reconectarte con la familia del reino. Todo esto te posiciona en el lugar donde suceden las cosas más poderosas de Dios.

En el diseño de iglesia integral, Jesús estableció esta columna como un fundamento esencial del perfeccionamiento de los santos. En este capítulo Dios hará arder tu corazón con las Escrituras. Luego tus ojos serán abiertos, volverás a tu posición y no podrás dejar de hablar a otros lo que habrás visto y oído.

Luz en tu realidad, claridad en tu destino

"Lámpara es a mis pies tu palabra, y lumbrera a mi camino".

Salmo 119:105

La Palabra alumbra tu realidad y desata tu destino. *"Lámpara a tus pies"* significa que trae claridad a tus pasos. *"Lumbrera a tu camino"* que te guiará por el sendero que Dios predestinó para ti y te librará de los obstáculos que se presenten. Tu comunión con las Escrituras determinará cuán certero serás en tu presente y futuro. Sin embargo, a veces tenemos la lámpara apagada. A esto se refería Pablo cuando decía que la letra mata pero el Espíritu vivifica[39]. Una vida de intimidad con el Espíritu Santo, le da combustible y aceite a la lámpara de la Palabra para que traiga luz y verdad.

En medio de un mundo oscuro, solo los que tengan comunión con Dios a través de la Biblia, tendrán claridad en su diario caminar y llegarán al destino de gloria. Cuando observamos las dinámicas que se manifestarán sobre la tierra en los últimos tiempos, es claro que solo una generación edificada en la Palabra va a poder permanecer de pie. Crecerás a la imagen de Cristo en la medida que te llenes de las Escrituras. Llenarte de Él es llenarte de la Palabra, porque Cristo es la Palabra.

Más que leer la Biblia, necesitas pedirle al Espíritu Santo que te enseñe y revele las Escrituras. Estudiarla sin comunión con el Espíritu, es como tratar de leer un libro en una habitación a oscuras. La Palabra solo puede ser lámpara a nuestros pies y lumbrera a nuestro camino, cuando la luz está encendida. Cuando la meditación bíblica se realiza en un contexto de adoración, intimidad y dependencia del Espíritu, la lámpara se enciende. Una de las funciones principales del Espíritu Santo es enseñarnos todas las cosas[40]. Cuando el Espíritu está apagado o entristecido[41] se nos nubla el entendimiento para comprenderla. Este fue el drama de los religiosos de la época de Jesús, estaban llenos de la letra pero sus ojos estaban velados por no tener intimidad con Dios. A la iglesia de Éfeso, que descuidó el primer amor, Jesús los exhortó diciéndoles que si no se arrepentían apagaría su lámpara[42]. Es esa santa devoción la que activa la revelación, la luz que necesitamos para que las Escrituras cobren vida.

Por muchos años me aburrió leer la Biblia. Si me hubieses dicho hace veinte años que un día enseñaría la Palabra a miles de personas me habría reído. Sin embargo, primero escuché el llamado a la intimidad con Dios. Sus cuerdas de amor me enlazaron y pasé temporadas creciendo en adoración y devoción. Hice de un estilo de vida de oración,

"Intimidad sin Biblia es solo emoción; Biblia sin intimidad, solo información. Pero Biblia más intimidad es revelación y transformación"

ayuno y adoración, mi prioridad. Luego pude experimentar cómo el Espíritu Santo me abrió las Escrituras. Desde esa posición de cercanía con Él, la Palabra cobró vida, me cautivó y transformó. Si tu relación con Dios no te está llevando a sentir celo por las Escrituras, algo está faltando en la ecuación. Intimidad sin Biblia es solo emoción; Biblia sin intimidad, solo información. Pero Biblia más intimidad es revelación y transformación.

Una antorcha que alumbra en lugar oscuro

Dios nos ha dado una antorcha en medio de la oscuridad de los tiempos que vivimos para que podamos caminar seguros y no ser confundidos.

"Tenemos también la palabra profética más segura, a la cual hacéis bien en estar atentos como a una antorcha que alumbra en lugar oscuro, hasta que el día esclarezca y el lucero de la mañana salga en vuestros corazones".

2 Pedro 1:19

Esta no es una realidad que solo pueden disfrutar los eruditos y teólogos. Dios sigue revelando sus tesoros a los que son como niños. Él constituye referentes para activar el hambre por la Palabra en todos. Un maestro es un distribuidor de antorchas, no un monopolizador del fuego. La iglesia integral está compuesta por hombres y mujeres cuyas vidas giran alrededor de la compresión bíblica. Cada decisión, opinión, relación o acción que desarrollan está regida por los principios bíblicos. Si no lo dice la Palabra, no opinan. Han sido consumidos por el celo de las Escrituras.

Me encanta esta imagen de una antorcha. Muchos tienen la Biblia en la mano, pero no portan el fuego del Espíritu. Entonces no se cumple el propósito. Es como tener una lámpara apagada en lugares oscuros. Cristo tenía la Palabra, pero a la vez el fuego para hacer arder el corazón. Veo a Dios restaurando el diseño de iglesia integral. Está colocando antorchas en las manos de los santos y soplando de su Espíritu para que las Escrituras nos sean reveladas.

"Un maestro es un distribuidor de antorchas, no un monopolizador del fuego"

Cuando hablamos del ministerio bíblico podemos caer en el error de pensar en una persona anticuada, cerrada al mover del Espíritu gritando: *¡Guarden la sana doctrina!* Sin embargo quien daba este consejo sagrado a la iglesia primitiva era un hombre lleno del Espíritu Santo. La doctrina nunca podrá ser sana si carece del fuego del Espíritu. Piensa en la ilustración de una persona entrando a una cueva tenebrosa con una antorcha ardiendo en la mano y rescatando a muchas otras que estaban encerradas allí. Esa es mi definición de sana doctrina. Hombres y mujeres consumidos por una vida de adoración, ayuno y clamor incesante, de rodillas ante Dios y con sus Biblias abiertas frente a ellos, que traen luz a otros e inspiran a generaciones a la claridad que solo su Palabra puede brindar.

"La doctrina nunca podrá ser sana si carece del fuego del Espíritu"

A medida que avancemos en el libro, veremos cómo los distintos ministerios se relacionan. Son todas características de Cristo que deben desarrollarse en cada cristiano. Pedro dice que la Biblia es la profecía más segura, ¿puedes notar aquí la dinámica profética uniéndose a la bíblica? Aunque más adelante veremos que crecer en el área profética nos da la sensibilidad de Cristo, aquí tenemos un buen ejemplo. Ese discernimiento para ver a Jesús en nuestras Biblias nos lo otorga la columna profética. Sin ese río, al igual que los dos discípulos camino a Emaús, nuestros ojos están velados a lo que Dios quiere mostrarnos en las Escrituras. Sin embargo, cuando estas áreas confluyen, el corazón arde y los ojos se abren. En otras palabras, el ministerio bíblico pone en nuestras manos las antorchas, el profético las enciende, y el pastoral nos da el carácter y la autoridad para usarlas a fin de edificar a otros. También veremos cómo el evangelístico hace que esas antorchas rescaten a las personas de la oscuridad, y el apostólico produce incendios masivos a través de este fuego, que pueden afectar ciudades, naciones y generaciones. Cuando la iglesia funciona según su diseño integral, los hijos de Dios son perfeccionados, avanzan a la medida de la estatura de Cristo, y las personas llaman a los discípulos "pequeños modelos que reflejan a Jesús".

La mente de Cristo

Recuerda que el propósito de la iglesia es formar verdaderos cristianos que hagan retroceder el infierno y manifestar el cielo. La meta de todo creyente debe ser crecer a la imagen de Cristo. El ministerio bíblico aporta a la ecuación su sabiduría. Esta dinámica en el diseño de la iglesia se nutre unos con otros, los maestros nos inspiran, y junto a los hermanos nos hablamos con salmos y versículos[43]. Al cantar la Palabra y orarla incesantemente, se produce una explosión de sabiduría celestial formando en los cristianos la mente del Señor. Así como el ministerio pastoral nos otorga el corazón de Jesús, el bíblico nos da su mente.

"Porque ¿quién conoció la mente del Señor? ¿Quién le instruirá? Mas nosotros tenemos la mente de Cristo".

1 Corintios 2:16

Jesús ciertamente pasó mucho tiempo en comunión con las Escrituras antes de comenzar su misión. En todo su ministerio son innumerables las citas bíblicas que mencionó. Veintisiete veces utiliza la expresión "escrito está" en los evangelios para citar la Palabra en sus enseñanzas. La Biblia que Él usaba es lo que nosotros conocemos como el Antiguo Testamento. Él no llevaba bosquejos ni tenía las citas escritas en su tableta digital. Evidentemente había pasado tanto tiempo estudiando las Escrituras que esta se había impregnado en su mente y corazón. No podemos ser como Cristo si no nos apasionamos por la Palabra.

La mente de Cristo incluye su juicio, razonamiento, inteligencia, capacidad de tomar buenas decisiones y efectividad. El gobierno de los pensamientos es una de las joyas más valoradas y buscadas por la humanidad. El mercado que ofrece herramientas para controlar esta máquina interna que todos llevamos en nuestra cabeza, está en auge. Libros de autocontrol, autoayuda, sesiones de coaching, psicología, terapias y hasta fármacos, ofrecen alternativas para poder domar esa yegua incontrolable que la naturaleza caída ha producido. No estoy diciendo que estas cosas no pueden ayudar a alguien, sin embargo, el Espíritu Santo revelando su Palabra es la llave maestra celestial para restaurar la mente de los seres humanos al diseño original. Una mente renovada por la Palabra tiene mucho más poder que los moldes que este siglo ofrece. Al exponerte constantemente a las Escrituras, puedes estar seguro que la mente de Cristo está siendo impartida en la tuya.

Es por esta razón que nos urge restaurar el ministerio bíblico en el Cuerpo de Cristo. Necesitamos orar y trabajar en esta columna. Jesús estableció esta dinámica para sanar nuestras mentes. Pensamientos sanos producen vidas sanas. Somos lo que pensamos[44]. Y nuestra mente se llena de la comida espiritual que consumimos. Quienes se alimentan diariamente con la Palabra de Dios, experimentan mentes renovadas y, por lo tanto, vidas saludables.

La autenticidad de la Biblia

La Biblia es una de las evidencias indiscutibles de la existencia de Dios, una de las mayores muestras de su poder sobrenatural. Pablo le dijo a Timoteo que todo el libro había sido inspirado divinamente y que acercarse a las Escrituras de forma correcta lleva al hombre a la perfección y efectividad en su obrar.

"Toda la Escritura es inspirada por Dios, y útil para enseñar, para redargüir, para corregir, para instruir en justicia, a fin de que el hombre de Dios sea perfecto, enteramente preparado para toda buena obra".

2 Timoteo 3:16-17

Déjame contarte cómo está constituida la Biblia y demostrarte que evidencia la realidad de Dios. Las Escrituras se componen de 66 libros escritos por 40 escritores diferentes en 3 continentes distintos (Asia, Europa y África) y en 3 idiomas (hebreo, arameo y griego). El lapso entre el primer libro que se escribió y el último es de 1500 años. Imagina lo que estoy diciendo. Supongamos que elijo a 40 personas distintas que viven en 3 continentes diferentes, con todo lo que culturalmente eso implica, y cada uno escribe en su propio idioma y dialecto. La mayoría no se conocen entre sí, y le asigno a cada uno que escuche a Dios y escriba un fragmento de lo que será un libro completo. A algunos les pediré que escriban dos y a otros hasta tres partes. Me tomo 1500 años para

"La Biblia es una de las evidencias indiscutibles de la existencia de Dios, una de las mayores muestras de su poder sobrenatural"

ir eligiendo, siglo tras siglo, a estos escritores y reuniendo sus escritos. Y luego de ese tiempo, junto los 66 fragmentos y analizo el resultado. ¿Qué probabilidad existe que al reunir toda la información haya una coherencia y complemento tan perfectos como para hacer de todos un solo libro? Creo que absolutamente ninguna. Sin embargo, el Dios de lo imposible lo puede hacer. Al reunir cada parte escrita por diferentes personas, en distintos lugares, idiomas y temporadas, la Biblia tiene una coherencia, narrativa y conexión perfectas. Dime si esto no es una de las evidencias más extraordinarias de la existencia de Dios. Me gustaría que vayas a buscar alguna Biblia física que tengas en tu casa. Tómala en tu mano y déjame decirte que lo que tienes allí, es una de las muestras más sobrenaturales de que Dios es real.

Puedo imaginarme al Espíritu Santo visitando, a través de esos 1500 años, a mortales limitados y ungiéndolos para registrar lo que Dios sabía que iba a ser vital para nutrir la mente de la iglesia por generaciones hasta que el día sea perfecto (segunda venida de Cristo). Aun en medio de los errores humanos y las limitaciones de quienes transcribieron y reunieron los manuscritos, vemos la gracia de Dios produciendo un contenido tan cargado de su Presencia que transforma a quienes se exponen a ella. La Biblia es tan intencional que ni una tilde ni una coma están demás[45]. No puedes razonarla, debes creerla. La fe viene por oírla[46]. La Palabra de Dios es poderosa y capaz de impartir la sabiduría divina a humanos limitados. Tiene el potencial para corregir, impartir justicia y hacer perfectos a hombres débiles, ante los ojos de Dios. Es muy poderosa y capaz de redimir la mente y manifestar la inteligencia divina.

Una conversación con Dios

Leer tu Biblia es conversar con Dios. Un día mi hija mayor, con 7 años, me preguntó cómo podía escuchar la voz de Dios. Yo estaba leyendo la Palabra. Le dije que en este libro sagrado había 31.103 versículos que eran como "mensajitos de texto" (WhatsApp) que nuestro Padre nos había dejado en nuestro "teléfono móvil". Usualmente cuando estoy de viaje envío mensajes al teléfono de mi esposa para que mi hija pueda leerlos. Entonces le comencé a explicar: *"Así como papá te deja mensajes en el celular y cuando los abres lees mis palabras, nuestro Padre nos ha dejado miles en nuestras Biblias que nos guían a una conversación hermosa"*. Sus ojitos se abrieron grandes y corrió a buscar su Biblia. Entonces quiso hacer la prueba y la abrió en Isaías 54 donde el texto decía que *"la estéril se regocije y la que no daba a luz dé voces de júbilo porque Dios la llenaría de hijos"*. Sinceramente hubiese preferido que la abra en otro lugar. Ahí entendí que el ministerio de maestros no es solo para los que están detrás de un púlpito, sino que como padres podemos guiar a nuestros hijos a amar la Palabra. Recuerda que esta dinámica tiene que ver con distribuir antorchas. Entonces le expliqué que lo que Dios le quería decir a través de ese "mensaje de texto" era que Él es el todopoderoso. Que las mujeres que por alguna enfermedad no podían tener bebés, confíen en Dios y lo adoren, porque Él les daría muchos hijos (aunque sabemos que en su contexto está hablando sobre la restauración de Israel, le enseñé el principio que contiene). La carita de asombro de Conie me impactó. Entonces ella exclamó: *"Wow papi, Dios puede hacer lo imposible"*. Y le dije: *"¡Exacto hija!"* Entonces salió corriendo y trajo una libreta. Nunca olvidaré lo que sucedió. Ella escribió: *"¡Hoy escuché a Dios decirme que para Él no hay nada imposible!"* Sin dudas necesitamos ser como niños para que Dios nos pueda revelar sus tesoros.

Hay gente que dice que nunca escuchó la voz de Dios, cuando tiene en su Biblia más de 31.000 mensajes del Padre sin abrir. Ver tu Biblia como una conversación con Él, producirá una impartición de sabiduría que te transformará. Cada versículo abre un diálogo. Es como una mina de oro, un pozo para extraer petróleo, una invitación a descubrir las riquezas del corazón del Padre. Toda la Palabra es sobrenatural y una santa conversación divina.

Charles Spurgeon, el predicador inglés, solía decir que la Biblia es como un león enjaulado. Estos no necesitan que nadie los defienda, solo ábreles la jaula y verás que pueden hacerlo solos. Necesitamos abrir nuestras Biblias y dejar salir al león. Antes, cuando predicaba, en mis sermones utilizaba muchas ideas y algunos versículos para argumentar lo que quería decir. En los últimos años, he entendido que necesito soltar al león enjaulado. Ahora cuando me toca enseñar, me ocupo de brindar a las personas muchos versículos para conectarlos con la Palabra viva. Luego agrego algunas ideas sobre lo que leímos. Cambié la fórmula y he visto lo que el León de Judá puede hacer cuando lo liberamos en los ambientes a través de las Escrituras. Al hacerlo llenos del Espíritu Santo, con su sabiduría y dinámica, el efecto es poderoso. Ahora estamos entrenando ministros y cantores que canten y oren la Biblia. Líderes generacionales que les suelten "el león" a los niños, adolescentes, jóvenes, familias y adultos. Es introducir a las personas en esta conversación sagrada lo que las transforma. Debemos hablar entre nosotros con las Escrituras[47]. Así podremos experimentar que la Palabra está viva.

"Porque la palabra de Dios es viva y eficaz, y más cortante que toda espada de dos filos; y penetra hasta partir el alma y el espíritu, las coyunturas y los tuétanos, y discierne los pensamientos y las intenciones del corazón".

Hebreos 4:12

He leído de muchos estudios científicos en los que se ha comprobado que exponerse regularmente a la Palabra transforma a las personas.

Por ejemplo, la epigenética es un campo emergente de la ciencia que estudia los cambios hereditarios causados por la activación y desactivación de los genes sin ninguna modificación en la secuencia de ADN subyacente del organismo. Dicho de forma simple, se analiza cómo distintos aspectos del contexto de las personas (alimentación, ejercicio, medicamentos, sustancias, factores ambientales, etc.) pueden alterar las tendencias de los seres humanos sin cambiar su ADN. Entonces las conclusiones son, que muchas de nuestras inclinaciones hacia diferentes cosas han sido causadas por nuestro ambiente. Por ejemplo, una persona que se crio en ámbitos donde la violencia verbal o física era moneda corriente por parte de sus padres o entorno, tenderá a la violencia o al temor en su vida, aunque esto no está determinado directamente por su ADN. Los traumas, situaciones extremas o ciertos elementos, alteran directamente la epigenética.

He visto una investigación en Estados Unidos, que mostraba que en una ocasión se expuso a tres personas distintas a leer diferentes libros por un período de 30 días. A uno se le dio un libro de filosofía, a otro de psicología y al tercero la Biblia. Mientras realizaban las lecturas, estaban conectados a ciertos artefactos que medían sus cambios epigenéticos. Luego de cumplirse el plazo se confirmó que el único caso en el que la epigenética de la persona había sido alterada era el del que había sido expuesto a las Escrituras. O sea que leer la Palabra producía el mismo efecto en una persona que puede causar un gran trauma, situación extrema o crisis en años de infancia, pero impulsándola hacia la voluntad de Dios. Es decir que, la ciencia confirma que la Biblia puede afectar las tendencias de una persona. Es lo que el escritor a los Hebreos dice, la Palabra es viva, eficaz y penetra hasta lo más profundo del ser humano transformando sus pensamientos y corazón.

La voz de Dios suena a la Biblia. Y su voz es capaz de ordenar todo caos, sanar toda enfermedad, crear lo que no existe y activar todo propósito.

"La voz de Dios suena a la Biblia. Y su voz es capaz de ordenar todo caos, sanar toda enfermedad, crear lo que no existe y activar todo propósito"

La Palabra de Dios es la expresión del Padre más contundente que la iglesia posee. No se trata de leer lo que Él dijo sino que, al estar viva, nos conectamos con lo que Él está diciendo.

Meditar en su Palabra

El verbo que mejor describe la relación que debemos desarrollar con la Biblia es "meditar". Esta expresión en el original viene de "rumiar el pasto como una vaca, que pasa el alimento por cuatro procesos, ya que tiene cuatro estómagos". Muchos tragan la Palabra, pero el llamado bíblico es a masticarla hasta que cada nutriente pueda llegar a distintos sectores de nuestro ser. Es en la práctica de meditar en las Escrituras que recibimos la mente y sabiduría de Cristo.

Cuando Dios le dejó los mandamientos a su pueblo Israel, enfatizó en guardar su Palabra diariamente, atarla a su cuello, llevarla en sus manos a todo lugar y tenerla constantemente frente a sus ojos. Me impacta cómo insta a los padres a hablar a sus hijos en cuatro momentos. Cuando se despiertan y van a dormir. Cuando están en sus actividades cotidianas y cuando se sientan a la mesa. El mismo concepto de meditar para que los nutrientes se distribuyan por todo el cuerpo.

"Por tanto, pondréis estas mis palabras en vuestro corazón y en vuestra alma, y las ataréis como señal en vuestra mano, y serán por frontales entre vuestros ojos. Y las enseñaréis a vuestros hijos, hablando de ellas ***cuando te sientes en tu casa, cuando andes por el camino, cuando te acuestes, y cuando te levantes****".*

Deuteronomio 11:18-19

(énfasis añadido por el autor)

Así como comemos principalmente en cuatro momentos del día (desayuno, almuerzo, merienda y cena), aquellos que anhelan adquirir la mente y sabiduría de Cristo, desayunan, almuerzan, meriendan y cenan versículos de la Palabra. Y si tienen hambre entre comida y comida, continúan meditando en las Escrituras. Lo hacen cuando se sientan a la mesa y cuando van por el camino. Cuando reposan su cabeza en la almohada piensan en lo que el Padre les habló y se despiertan declarando su Palabra. Entonces la inteligencia de Cristo comienza a afectar cada decisión, pensamiento y perspectiva. Hay claridad en su camino y un destino asegurado en quienes viven de esta manera. Este era el gran secreto de Jesús, y si quieres obtener su sabiduría, necesitas comenzar a practicarlo.

Si me escucharas gritar: *¡Oh, cuánto la amo, todo el día estoy pensando en ella!* Creerías que estoy hablando de mi esposa. Es una expresión que aplica claramente a alguien enamorado. Sin embargo, esta es la exclamación que realiza el salmista al pensar en la ley escrita del Señor.

"¡Oh, cuánto amo yo tu ley! Todo el día es ella mi meditación".

Salmo 119:97

Pasar el día meditando en las palabras del Padre, imparte una gracia que hace que avancemos en todo lo que hacemos. El Salmo 1 nos relata que aquellos que meditan día y noche en la Palabra y encuentran en ella su delicia, prosperan en todo. Por esto Dios estableció el ministerio bíblico en la iglesia, para enseñarnos a progresar integralmente. Mi definición de prosperidad no es estar lleno de dinero, sino lleno de Cristo. Creo que no hay persona más pobre que aquella que está colmada de bienes materiales, pero vacía de Cristo. ¿Quieres llenarte de Jesús?

"Prosperidad no es estar lleno de dinero, sino lleno de Cristo"

¿Deseas experimentar la verdadera prosperidad? ¿Anhelas recibir la inteligencia y sabiduría de Cristo? Debes hacer de la meditación en su Palabra tu prioridad. Triunfar en todo, es ver a Jesús en todo lo que hacemos. Ese es el verdadero éxito. Y el camino para lograrlo es reconectarnos con las Escrituras, a través del Espíritu Santo.

¿Cómo interpretar las Escrituras?

Quiero enseñarte una buena manera de interpretar cada versículo o profecía de la Biblia. Cada palabra tiene un contexto. Lo primero que debes hacer al leer una porción de las Escrituras es estudiar el ámbito y propósito directo para lo que fue dada. *¿Cuándo fue escrita? ¿Para quiénes y en qué lugar fue expresada esa palabra? ¿Qué significado tiene ese versículo en dicho momento?* La segunda forma de interpretarlo, es ver que contiene principios que van más allá de ese contexto y pueden producir un efecto atemporal en cada generación. Esto quiere decir que las enseñanzas de esa porción bíblica no solo deben aplicarse a ese tiempo, sino a todos los entornos, personas y ámbitos a través de las generaciones. O sea que los versículos contienen principios del corazón de Dios que tienen un poder que trasciende momentos y lugares, y a través de toda la historia pueden ser aplicados. Por último, la tercera regla de interpretación es que la Palabra es la profecía más segura y una antorcha en medio de la oscuridad, por lo tanto la mayoria de los textos bíblicos tienen una trascendencia específica en las dinámicas y escenarios de los últimos tiempos antes de la segunda venida de Cristo. Cada historia bíblica es una sombra que nos prepara para lo que va a venir. ¡Esto es asombroso! La Palabra de Dios es muy poderosa. Tuvo una aplicación inmediata hace miles de años, tiene un efecto atemporal a través de toda la historia, y cobrará una relevancia impresionante en las horas difíciles que vienen sobre la tierra.

Déjame darte un ejemplo de esto. El Antiguo Testamento está lleno de mandatos y profecías sobre el pueblo de Israel, acerca de cómo sus rebeliones lo someterían al cautiverio, pero Dios iba a tratar con ellos y los volvería a llevar a la tierra que les prometió. En la historia de Israel se han cumplido ya muchas de esas palabras. Por otro lado, vemos que es un principio atemporal. Nuestras rebeliones nos meten en cárceles y en esclavitud, pero Dios siempre encuentra una manera de restaurarnos y volvernos a llevar a donde pertenecemos. En la historia de la humanidad, cada hijo de Dios ha podido experimentar esta realidad. Por último, en los tiempos finales, las rebeliones de Israel volverán a producir una cautividad y maltrato sin precedentes de mano de sus enemigos. Las profecías muestran que Dios utilizará a la iglesia para contender por su pueblo, y finalmente experimentarán libertad y habitarán para siempre en la tierra que Dios le prometió a Abraham. Si bien este es un pequeño ejemplo, puedes utilizar esta regla con cada historia bíblica y aun cada versículo. Espero que puedas comprobar de primera mano el poder y la gloria que contiene la Palabra de Dios.

Creo que Dios está trayendo una revolución de esta área bíblica en la iglesia. Mientras muchos creían que la Biblia había pasado de moda, está más vigente que nunca. Más que un libro histórico, es un libro profético. Aun las historias son profecías que nos posicionan para lo que viene. Entender las plagas de Egipto y la liberación del pueblo de Israel, nos prepara para comprender los juicios de los últimos tiempos y cómo el Señor rescatará a su pueblo. A la vez, nos enseña a ver cómo Dios trata hoy con sus enemigos y siempre tiene el propósito de liberar a sus escogidos. Al leer cómo Él preservó a aquellos tres en Babilonia y los salvó del horno de fuego, observamos que son una sombra de cómo protegerá a la iglesia de las dinámicas venideras en la Babilonia moderna. También podemos ver a través de la historia que Dios ha resguardado del "horno de fuego" a cada hijo que decidió no transigir ante el sistema del mundo. Toda la Palabra es inspirada por Dios y poderosa para que los santos reciban la sabiduría de Cristo. ¡No domestiquemos al león! Volvamos al entendimiento, la Biblia es un libro peligroso para el infierno, necesitamos abrir la jaula.

¡Restauremos el ministerio bíblico!

Veo en mi Espíritu un ejército de niños, jóvenes y adultos, llenos del Espíritu Santo, con el carácter de Cristo y sus Biblias en las manos. Observo familias que van a reunirse alrededor de las Escrituras. Adolescentes que van a abrir más sus Biblias que las redes sociales. Eruditos del mundo que querrán saber lo que la Palabra dice de todas las dinámicas globales que no pueden explicar. Las profecías bíblicas cobrarán más relevancia que nunca, a medida que la oscuridad avanza. Cada vez tomarán más importancia las lámparas y las antorchas. Los santos serán perfeccionados a través del ministerio bíblico.

Restaurar la importancia de las Escrituras no es una tarea de los maestros o pastores solamente, sino una prioridad en todo el Cuerpo de Cristo. El Espíritu traerá tanto entendimiento y revelación que las personas anhelarán conocer la Biblia. Todas las dinámicas actuales van a provocar un hambre sin precedentes por la Palabra de Dios. Y allí, este ejército que como Jesús, pasó años comiendo las Escrituras, tendrá depósito para alimentar a los hambrientos que vendrán de todo lugar con deseo por la Palabra. Como está escrito:

"He aquí vienen días, dice Jehová el Señor, en los cuales enviaré hambre a la tierra, no hambre de pan, ni sed de agua, sino de oír la palabra de Jehová".

Amós 8:11

Quiero declarar que esa hambre ya está comenzando a manifestarse en tu interior. Si tu corazón ha ardido al leer este capítulo es que Dios está a punto de abrir tus ojos. Y, como aquellos dos en el camino a Emaús, te transformarás en una persona que no puede dejar de anunciar a otros lo que ha visto y oído. Prepárate para una nueva temporada de sabiduría e inteligencia. Al exponerte a su Palabra tus tendencias pecaminosas serán purificadas y comenzarás a experimentar niveles de gracia sin precedentes. Tu comunión con las Escrituras despertará hambre en otros. Entonces te transformarás en un distribuidor de fuego. Un ejército arremetiendo en las tinieblas con antorchas encendidas, es una de las expresiones de la iglesia integral.

CONSEJOS PRÁCTICOS PARA ACTIVAR LA DINÁMICA BÍBLICA

• *Ora al Espíritu Santo antes de comenzar a leer:* "Espíritu Santo, hoy te pido que me enseñes en la Biblia, el libro de..."

• *Busca tesoros bíblicos específicos.* Por ejemplo: La cantidad de veces que aparece la palabra "misterio" en el Nuevo Testamento, las pasiones del corazón de Dios en David o en Jesús, los cinco ministerios de forma explícita en Jesús, lo que Dios siente en los Salmos, las profecías de los últimos tiempos que aún no se cumplieron, lo que la Biblia dice explícitamente que Dios ama, la palabra "fuego" o "despertar" en las Escrituras, etc.

• *Busca temas pertinentes a tu vida cotidiana en la Palabra:* La inmoralidad sexual, la dificultad económica, la falta de paz, el celo de Dios, la amargura, el aborto, la victoria sobre los enemigos, etc.

• *Estudia libros bíblicos buscando encontrar aspectos específicos:* Características de Jesús en Apocalipsis, cualidades de la iglesia en las cartas apostólicas, la relación de Jesús con el Padre en los evangelios, el regreso de Cristo en los Salmos, la sabiduría para formar un carácter íntegro en Proverbios, etc.

• *Estudia algún libro, versículo por versículo.* Anota comentarios de cada uno.

• *Toma porciones de la Palabra y anota:* 1. Contexto 2. Aplicación atemporal 3. Relevancia para los últimos tiempos.

• *Medita en un solo versículo todo el día.* Ora para que Dios profundice tu revelación sobre lo que meditas.

• *Cuando estés adorando, no solo levantes tus manos, también abre tu Biblia.*

Capítulo 5

MINISTERIO PROFÉTICO

La pasión y sensibilidad de Cristo

Capítulo 5

MINISTERIO PROFÉTICO

La pasión y la sensibilidad de Cristo

Cuando los discípulos se encontraron con el fuego de sus ojos, no necesitó grandes discursos para convencerlos de dejar todo y seguirlo. La sola palabra, *"sígueme"*, fue suficiente para derribar lo que por años habían construido. Esa es la esencia del ministerio profético, no la elocuencia de discursos articulados sino el poder de palabras alineadas con el cielo. Y ese era el secreto de Jesús. Él no hacía nada que no veía hacer al Padre y no decía nada que no lo oía decir. Su sensibilidad espiritual era tan precisa, que su efectividad era contundente.

"Esa es la esencia del ministerio profético, no la elocuencia de discursos articulados sino el poder de palabras alineadas con el cielo"

Cada movimiento que realizaba era guiado por el Espíritu Santo. Su vida emanaba un poder transformador hacia aquellos que tenían el privilegio de encontrarlo en su camino. Era imposible estar con Él y no sentirse cautivado. El sello que lo distinguía era un celo santo, desbordante en sus miradas, palabras y acciones. ¿De dónde venía tal pasión sagrada? Era como un fuego que atraía y encendía.

La certeza de sus profecías era abrumadora. A la mujer del pozo le dijo que había tenido cinco matrimonios frustrados y ahora estaba en concubinato. A Pedro le indicó exactamente dónde tirar la red para ver una pesca milagrosa. Hacía aparecer monedas en la boca de los peces y sanaba con una sola palabra a personas que estaban a kilómetros de distancia. Podía predecir cuándo uno de sus discípulos más fieles lo negaría y qué debía hacer luego para ser restaurado. Calculó el tiempo justo para ir a Betania a resucitar a Lázaro ya que tenía precisión de lo que sucedería. Anunció a sus discípulos lo que le acontecería en Jerusalén en su última semana y les indicó con claridad los siguientes pasos a seguir después de la resurrección con respecto al derramamiento del Espíritu Santo. No alcanzarían libros enteros para registrar todas sus profecías y milagros. Sin dudas, Jesús fue la mayor representación de ministerio profético que jamás alguien mostró en la tierra.

Sus cinco sentidos espirituales parecían antenas receptoras para percibir lo que nadie más podía. Sus "ojos" espirituales rasgaban los límites naturales viendo lo invisible en toda situación. Su "olfato" para discernir las personas y ambientes era tan exacto y preciso que hasta los demonios temblaban al verlo venir. Su manera de "gustar" las Escrituras hacía que al hablarlas suenen tan atractivas que en todos producía hambre de más. Qué decir de su "oído" espiritual tan afinado para escuchar constantemente al Padre y ser un portavoz de su voluntad. Su discernimiento hacía que al recibir o dar un "toque", salga poder de Él solo cuando una manifestación de Dios era necesaria. Claramente, la sensibilidad de Cristo fue uno de los atributos más extraordinarios que modeló para todos los que nos consideramos sus seguidores.

Por otro lado, era capaz de abrir el entendimiento embotado de mortales limitados cuando enseñaba las profecías bíblicas. Mientras la letra da información, el Espíritu da revelación. Las profecías no son datos acerca del futuro, son una invitación a caminar en la voluntad de Dios. Y con cada una, el Señor guiaba a quienes lo escuchaban a acceder a ámbitos espirituales gloriosos. Por esto fue intencionalmente enfático en impartir el aspecto profético de los últimos tiempos. Anunció su segunda venida, el fin del siglo, la restauración de Israel, el reino venidero del Padre, los juicios y las actitudes que la generación postrera debía cultivar, entre otros temas. Sus profecías construyeron un camino vital para que la iglesia a través de los siglos avance hacia el glorioso día de su regreso. Representó el propósito del ministerio profético de preparar al Cuerpo de Cristo para las dinámicas venideras, expresando verdades escatológicas que encendían la fe y consumían el temor. Lo hizo de una manera sumamente pastoral al enfocarse en el carácter necesario para atravesar la tormenta final en victoria y perseverancia. Respondió preguntas transcendentes de una manera sublime como "cuándo sería su segunda venida" y "qué señales habría de los tiempos finales". No esquivó ni uno solo de estos interrogantes. Más que dar referencias futuras, se enfocó en impartir el verdadero espíritu de la profecía que es dar testimonio de Él mismo y preparar el corazón de la iglesia para no ser engañada ni enfriar su amor. Este mensaje encendió el corazón de sus discípulos al punto de dar su vida por el reino y vivir cada día esperando que esto sucediera.

"Las profecías no son datos acerca del futuro, son una invitación a caminar en la voluntad de Dios"

La pasión de Cristo estaba determinada por su habilidad de oír y percibir al Padre. Es que el alma humana no puede contener la magnitud de experimentar la voz y Presencia del Dios vivo. Y Jesús, aunque era el Hijo de Dios, tomó la forma del ser humano para modelarnos esta verdad. Sin dudas fue el hombre más sensible espiritualmente de todos los que existieron. Representó lo que puede experimentar cualquier persona cuya prioridad sea oír y ver a Dios. Entonces se transformó en un mensajero del cielo y representante de los deseos del Padre. Vivió para trasmitir la voluntad divina.

Jesús manifestó lo que sucede cuando este aspecto profético está activo en la vida de un hijo de Dios. Se despierta un celo santo en el interior que nos impulsa hacia la voluntad del Padre y el destino glorioso que hay por delante. Una iglesia profética es sensible a lo que Dios está diciendo, experimenta su fuego y tiene claridad de lo que viene. Y como Él quería que todos seamos perfeccionados en esta realidad espiritual, estableció el ministerio profético.

"Y Él mismo constituyó a unos... PROFETAS..."

Efesios 4:11

La pasión y la sensibilidad de Cristo

El secreto de un profeta no se encuentra en su boca sino en sus oídos. Por eso las palabras claves en esta dinámica son pasión y sensibilidad. Es decir que, para recibir la pasión de Cristo y su sensibilidad espiritual, necesitamos activar lo profético. Así como el ministerio pastoral nos otorga el carácter de Cristo, y el bíblico la sabiduría del Maestro, es esta dinámica la que perfecciona a los cristianos en un celo santo y una percepción poderosa de la realidad espiritual. Este es uno de los ministerios que Satanás más se ha enfocado en desvirtuar y corromper, porque es evidente que tiene mucho temor de los cristianos que desarrollan la habilidad de oír y percibir al Padre.

"El secreto de un profeta no se encuentra en su boca sino en sus oídos"

El ministerio profético no tiene que ver con un ungido que suelta palabras y todo el mundo hace filas para recibirlas. Ese no es el propósito principal de esta área. Más bien, el fin por el cual Dios le dio dones irrevocables a esa persona, es para entrenar a los santos para que aprendan a escuchar su voz. Si el profeta te hace dependiente del

"Si el profeta te hace dependiente del profeta, el ministerio profético deja de funcionar. El éxito de esta dinámica es hacernos dependientes de la voz de Dios"

profeta, el ministerio profético deja de funcionar. El éxito de esta dinámica es hacernos dependientes de la voz de Dios. Dar palabras con exactitud tiene el propósito de inspirar a otros a la realidad de que Dios sigue hablando, y las ovejas saben oír la voz del Buen Pastor[48]. La columna profética es la que restaura la habilidad en los cristianos de oír y sentir a Dios.

Recuerda que Jesús estableció referentes en cada área para perfeccionar a cada uno de los santos y que todos lleguen a la unidad de la fe y al conocimiento del Hijo. Es por esta razón, que Dios levanta a unos para perfeccionar a todos. Él está en el asunto de entrenar esta dinámica en el Cuerpo de Cristo, y en las próximas páginas descubriremos cómo la Palabra nos enseña a hacerlo. El ministerio profético es establecido por Dios para que "todos" puedan llegar a la medida de la estatura del Varón perfecto.

¿Puedes comprender cuán importante es que los niños sean activados en esta área y desde pequeños puedan discernir la voz de Dios? Como papás no temeríamos las dificultades, ataques o tentaciones que enfrenten, ya que aprenderían a ser guiados por Él en cada paso. ¿Qué decir de los adolescentes y jóvenes? Viven quemándose con los placeres temporales de este mundo porque no son sensibles y no han experimentado el placer superior de percibir a Dios. ¡Cuán importante es ver esta dinámica restaurada en las familias! Hogares que giran en torno a la voz y Presencia del Señor han sido

"El fuego que se produce en un corazón al poder percibir la realidad divina es un combustible inigualable para el alma humana"

siempre el deseo del Padre, desde que fundó el pueblo de Israel. En los mandamientos vemos infinidad de referencias de guardar su ley como familia para ser prosperados en todo y asegurar el futuro. El fuego que se produce en un corazón al poder percibir la realidad divina es un combustible inigualable para el alma humana. Según la Palabra, en los últimos tiempos los ancianos también serán activados en esta área profética[49]. Está escrito que habrá un mover profético multigeneracional antes de la segunda venida de Jesús, los mayores soñarán sueños, los jóvenes verán visiones, nuestros hijos profetizarán y todo el que invoque el nombre del Señor experimentará su salvación.

El ministerio profético trae evidencia de la realidad de Dios

"Los ídolos de ellos son plata y oro, obra de manos de hombres. Tienen boca, mas no hablan; tienen ojos, mas no ven; orejas tienen, mas no oyen; tienen narices, mas no huelen; manos tienen, mas no palpan; tienen pies, mas no andan; no hablan con su garganta. Semejantes a ellos son los que los hacen, y cualquiera que confía en ellos".

Salmo 115:4-8

Los ídolos tienen ojos pero no ven, boca pero no hablan, manos pero no palpan, pies pero no andan, oídos pero no oyen, y semejantes a ellos son aquellos que los adoran. Dios no es un ídolo, Él ve, habla, anda y oye. Sin embargo, podemos hacer de Dios un ídolo si no lo percibimos, oímos y sentimos. Cuando en una comunidad de fe el ministerio profético está apagado o contaminado, se da lugar a la idolatría, y esta no solo ocupa el lugar de Dios sino que corrompe nuestras vidas. Necesitamos volver a desarrollar pasión por oírlo, verlo, sentirlo y experimentarlo. También por seguir sus pasos en lo que Él

"Podemos hacer de Dios un ídolo si no lo percibimos, oímos y sentimos"

está haciendo y a punto de realizar en la tierra. Podemos hacer de Dios un ídolo cuando nos volvemos insensibles. Él no es un dios que veneramos en rituales, es un Padre que quiere intimidad cotidiana. La insensibilidad religiosa es una triste realidad que sumerge al Cuerpo de Cristo en una vulnerabilidad peligrosa. Sobre todo en los últimos tiempos cuando se desatará una tormenta espiritual sin precedentes y tendremos que conducir por caminos sinuosos. Imagina ir en una ruta al borde de un precipicio en medio de una terrible tempestad, pero con las luces apagadas y el volante con movilidad limitada. Así se ven las iglesias que en estos días han apagado o confundido el ministerio profético. ¿Puedes notar por qué el enemigo está tan enfocado en debilitar esta columna?

La religiosidad es el fruto de saber mucho pero no experimentar a Dios. Nicodemo sabía demasiado, sin embargo tenía a Jesús frente a él y no podía reconocerlo. Lo mismo sucedía con los fariseos. Y terminaron oponiéndose a lo que Dios estaba enviando. Clamaban por el Mesías, pero no lo podían ver delante de sus ojos. Cuando el ministerio profético se apaga, la iglesia corre el riesgo de transformarse en una institución religiosa, club, sociedad de fomento, partido político y hasta piedra de tropiezo para el plan de Dios. No fuimos creados para vivir fuera del diseño que Jesús estableció. La clave para restaurar esta área a nivel corporativo, es comenzar a hacerlo en cada vida personal. Más que un "súper ungido" dando palabras acerca del futuro desde una plataforma, necesitamos cristianos que anhelen diariamente escuchar al Padre. La consecuencia de la idolatría es falta de deseo por la Presencia de Dios. *"Semejantes a ellos son quienes los adoran"* significa que si no tenemos experiencias con la voz y los toques de Dios, nos volvemos sordos y ciegos, y tampoco podemos sentir ni entender. El aburrimiento espiritual es un síntoma de aquellos que no están oyendo ni percibiendo a Dios.

Sin embargo, en el otro lado de la balanza, podemos experimentar lo que sucede cuando el ministerio profético está activo en vidas y comunidades. La realidad de Dios se manifiesta.

"Pero si todos ustedes están profetizando, y los incrédulos o la gente que no entiende esas cosas entran en la reunión, serán convencidos de pecado y juzgados por lo que ustedes dicen. Al escuchar, sus pensamientos secretos quedarán al descubierto y caerán de rodillas y adorarán a Dios declarando: «En verdad, Dios está aquí entre ustedes»".

1 Corintios 14:24-25, NTV

Una vez más vemos los ministerios interconectarse. El profético trae la manifestación de su Presencia a tal punto que se transforma en un arma evangelística. Dice el apóstol Pablo que los incrédulos necesitan experimentar la realidad de Dios y entonces caerán postrados y lo adorarán. Más que discursos persuasivos, necesitan ver y comprobar que Él está vivo. Y esto es lo que produce este ministerio. Al entrar a una comunidad donde "todos" están profetizando, las personas comienzan a evidenciar que Dios tiene ojos y ve, manos y toca, boca y habla. Es por esto que Pablo decía que él anhelaba que todos comprendieran esta realidad y profetizaran[50]. Claro que para entrar en esta dinámica necesitamos redefinir qué es profetizar. En el nivel más simple es traer la realidad de Dios a una vida o lugar. No solo son palabras, también la Biblia está llena de actos proféticos. Profetizar es una acción natural que conlleva una experiencia espiritual comprobable. Toda obra en lo natural que produce un efecto sobrenatural de evidencia de Dios, es un acto profético. En la Palabra, vemos al rey Joás golpeando una flecha contra el piso ocasionando una victoria espiritual sobre el ejército enemigo; a Elías arrodillado en tierra desatando una lluvia; a Naamán sumergiéndose siete veces en el Jordán y ser sanado; y los ejemplos bíblicos son interminables. Cuando esa acción viene como obediencia a una dirección divina, lo sobrenatural acontece. El secreto del ministerio profético es aprender a percibir esas instrucciones celestiales a través de nuestros sentidos espirituales. Actos, palabras y movimientos guiados por el Espíritu Santo tienen el potencial de producir la manifestación del Dios vivo, que hace que muchos se postren y lo reconozcan. Este es el poder de lo profético, no la exaltación del profeta, sino la manifestación de Dios. Y el propósito final es que todos sean perfeccionados en oírlo y percibirlo.

> ***"Este es el poder de lo profético, no la exaltación del profeta, sino la manifestación de Dios"***

El "profeta de fuego", Elías, que es uno de los mayores ejemplos de la esencia de este ministerio, resume en pocas palabras este principio que estamos observando: *"...Vive Jehová, en cuya presencia estoy..."*[51]. Encontramos esta expresión de su boca en reiteradas oportunidades. Analiza lo que está diciendo. Si pudiera ponerlo en otras palabras sería: *"Porque estoy en su Presencia, puedo dar evidencia que Dios está vivo"*. Solo los que habitan cerca de Él pueden comprobar su vida. Un ídolo carece de vida porque no habla, ni toca, ni oye ni mira. Pero los que viven en intimidad con el Padre descubren que Él habla, se mueve, mira y oye. Entonces comprendemos que el ministerio de Elías era revelar su realidad. Cuando confrontó a los profetas de Baal, esta dinámica mostró su propósito al destruir la idolatría y manifestar el poder de Dios. Al igual que en el ejemplo citado por Pablo a los corintios, todos los incrédulos tuvieron que reconocer que Dios era el verdadero y que era real.

En medio de la generación más atea e idólatra, necesitamos ver a la iglesia más profética y apasionada. Para la generación de Acab, Dios levantó a la generación de Elías. La religiosidad y los argumentos racionales no podrán contrarrestar los embates del reino de las tinieblas en nuestra era. Nuestra lucha es contra principados y potestades que solo pueden ser detenidos por armas espirituales[52]. En esta columna que Jesús estableció, tenemos el armamento de destrucción masiva del reino de los cielos contra la incredulidad, temor, inmoralidad y apatía espiritual. No solo guía a los santos hacia el conocimiento del Hijo de Dios y la plenitud de Cristo, sino que desarma los poderes de las tinieblas. Restauremos el ministerio profético según el diseño bíblico y veremos a miles postrarse y decir: *"En verdad Dios está aquí entre ustedes".*

El camino hacia la madurez espiritual

Déjame hacerte unas preguntas antes de avanzar. ¿Cuánto anhelas aprender a oír su voz? ¿Te gustaría percibir la Presencia de Dios más de lo que lo haces? ¿Anhelas ver los movimientos del Padre para los tiempos venideros en las naciones? ¿Deseas que quienes te rodean puedan experimentar la vida y manifestación del Señor a través tuyo? Esto es posible, y Jesús nos enseñó el secreto. La clave del ministerio profético está en la intimidad con el Padre. Cuanto más te expones a Él, más sensible te vuelves. Para ver y oír, hay que estar y permanecer. Solo aquellos que viven en su Presencia, pueden experimentar su vida.

Los cuatro seres vivientes son los que habitan más cerca del trono de Dios. Ellos están llenos de ojos por dentro y por fuera. Allí hay un principio: *Cuanto más cerca del trono permaneces, hay más para ver, por lo tanto Él tiene que darte más ojos.* No es casualidad que ellos sean una especie de "directores de alabanza" en el cielo, ya que cada vez que dan gloria y honra al que está sentado en el trono, los veinticuatro ancianos, y todos se postran y adoran. Los que más ven, son los más efectivos para guiar a otros e introducirlos en la realidad de Dios.

Así como desarrollamos nuestros sentidos naturales, la sensibilidad profética se desarrolla. Debemos entrenar los sentidos espirituales para poder oír a Dios y percibir su Presencia.

"Pero el alimento sólido es para los que han alcanzado madurez, para los que por el uso tienen los sentidos ejercitados en el discernimiento del bien y del mal".

Hebreos 5:14

El apóstol Pablo define que la madurez espiritual es determinada por el ejercicio de nuestros sentidos. Maduro en Dios no es el que más años de cristiano tiene, sino el que más hambre de Cristo desarrolla. En el reino de los cielos vale más la dependencia, que la experiencia. Muchas veces los años de vida cristiana nos hacen "más duros de corazón" en lugar de "maduros de corazón". Entonces perdemos el primer amor y por lo tanto nos es quitado el candelero[53]. Nos vamos apagando a medida que nos vamos enfriando. Y cuando la luz se apaga nos volvemos insensibles. La sensibilidad espiritual nos habilita para que Dios pueda darnos un alimento sólido que trae fortaleza y sabiduría. El uso de los sentidos espirituales ejercita su agudeza. El desuso atrofia la percepción espiritual y por lo tanto produce inmadurez.

"Maduro en Dios no es el que más años de cristiano tiene, sino el que más hambre de Cristo desarrolla"

"Sin embargo, hablamos sabiduría entre los que han alcanzado madurez; y sabiduría, no de este siglo, ni de los príncipes de este siglo, que perecen".

1 Corintios 2:6

Dios quiere introducirnos en otra conversación. Quiere elevar la charla con su iglesia. Desea revelarle misterios y dirección específica. Tiene una bandeja de alimento sólido lista para ser entregada. Sabiduría que no puede ser adquirida ni siquiera en la universidad más prestigiosa de este siglo. Los poderosos de este tiempo no pueden entrar en esa conversación. Activar el ministerio profético en su uso correcto, en nuestras comunidades, producirá un camino en el que muchos podrán crecer hacia la madurez espiritual.

Como ya hemos dicho, las cinco columnas se relacionan entre sí. No son compartimentos estancos separados, sino cualidades de Cristo interconectadas que se nutren una con la otra. Estudiaremos que el ministerio apostólico es la dinámica espiritual que otorga a los santos la madurez de Cristo. En esa sección profundizaremos sobre cómo crecer en ella. Pero nota la importancia de la sensibilidad espiritual para alcanzarla. En otras palabras el aspecto profético nos ayuda a experimentar las características de Cristo que el apostólico requiere. La gravedad de la ausencia del área profética es que nos lleva a la insensibilidad espiritual, por lo tanto a la inmadurez. Cristianos insensibles espiritualmente, son creyentes inmaduros, y esto conduce a las personas al pecado, la impureza y la desobediencia.

"Los cuales, después que perdieron toda sensibilidad, se entregaron a la lascivia para cometer con avidez toda clase de impureza".

Efesios 4:19

Las consecuencias más graves de la falta de entendimiento profético es que nos volvemos vulnerables al pecado. Imagina si no tuviera sensibilidad en mis manos, entonces me acercaría al fuego sin darme cuenta de que podría quemarme. Y no solo uno es perjudicado personalmente, sino que la apatía espiritual es una enfermedad contagiosa. Una vez más puedes notar la intencionalidad de Satanás al apagar y desvirtuar el área profética. Una comunidad insensible, es una que no podrá vencer el pecado. Y este es el que sumerge a la iglesia en la irrelevancia y debilidad. Pablo constantemente exhortaba a las iglesias a la madurez espiritual[54]. No era una exhortación para líderes y pastores, sino para toda la iglesia. Sería muy bueno que leas y estudies estos versículos en las referencias, y medites acerca de la necesidad de crecer en la sensibilidad de nuestros sentidos espirituales.

Activando los sentidos espirituales

La pregunta que a esta altura debemos hacernos es: ¿Cómo crecemos en sensibilidad espiritual para activar la dinámica profética? Y la respuesta es simple, necesitamos entrenar los sentidos que nos permiten percibir a Dios. Hay un paralelo notable entre los sentidos naturales y los espirituales. De la misma manera que los naturales son claves para nuestro desarrollo e interrelación con el mundo natural, los espirituales lo son con el ámbito espiritual. Déjame mostrarte a continuación esta equivalencia para que puedas analizar cómo desarrollar tus sentidos espirituales. La Biblia nos enseña que tenemos gusto, tacto, olfato, vista y oído espiritual.

El ***"gusto espiritual"*** es la habilidad de discernir la Palabra y el carácter de Dios. El entrenamiento de este sentido se desarrolla al "comer" las Escrituras constantemente. Al encontrar la bondad y naturaleza del Padre en su Palabra, podemos sensibilizarnos para percibir las profundidades de Dios. Veámoslo en la Biblia.

*"**Gustad**, y ved que es bueno Jehová; dichoso el hombre que confía en él".*

Salmo 34:8*

*"¡Cuán dulces son **a mi paladar** tus palabras! Más que la miel a mi boca".*

Salmo 119:103*

"Fueron halladas tus palabras, y ***yo las comí****; y tu palabra me fue por gozo y por alegría de mi corazón; porque tu nombre se invocó sobre mí, oh Jehová Dios de los ejércitos".*

Jeremías 15:16*

(*énfasis añadido por el autor)

En lo natural sabemos de catadores de vino o profesionales del ámbito culinario gourmet, que han ejercitado el gusto para discernir en detalle lo que sus papilas gustativas están percibiendo. Estas personas están tan entrenadas, que con beber un sorbo o probar un pequeño bocado pueden acceder a infinidad de información, sabores y características que sus órganos sensoriales han sido perfeccionados para comprender. La Palabra de Dios nos enseña que existe el gusto espiritual. Está desarrollado en aquellos que han invertido tanto tiempo en gustar la Biblia e inquirir en la naturaleza de Dios, que con un "solo bocado" acceden a profundidades espirituales inconmensurables.

El secreto para adiestrar cada sentido es perseverar en el ejercicio de estas áreas hasta lograr la madurez. Cuanto más tiempo inviertes en meditar en la Palabra, te vuelves más perceptivo espiritualmente.

La Biblia también nos enseña que tenemos ***"tacto espiritual"***, que es la habilidad de tener experiencias con Dios a través de la sensibilidad que produce la santidad. La limpieza de manos y pureza de corazón nos dan acceso a alturas espirituales donde podemos tener vivencias reales con Dios. Hay manifestaciones de su Presencia registradas en la Palabra, no solo para que veamos lo que Él hizo con otros, sino para inspirarnos a creer lo que tenemos posibilidad de disfrutar. El tacto espiritual se entrena a través de decisiones radicales de santidad y pureza al vivir los principios y la cultura del reino. Un estilo de vida de integridad potencia fuertemente la habilidad de experimentar sus toques. Sin santidad, nadie puede percibir a Dios.

"Apartaos, apartaos, salid de ahí, ***no toquéis*** *cosa inmunda; salid de en medio de ella; purificaos los que lleváis los utensilios de Jehová".*

Isaías 52:11*

"Por lo cual, salid de en medio de ellos, y apartaos, dice el Señor, y ***no toquéis*** *lo inmundo; y yo os recibiré".*

2 Corintios 6:17*

(*énfasis añadido por el autor)

En lo natural podemos ver por ejemplo a los banqueros, cómo ejercitan su tacto para descubrir billetes falsos por la agudeza que tienen al haberse sensibilizado tanto a lo verdadero. Otro ejemplo son los ciegos, que al carecer del sentido de la vista necesitan entrenar el del tacto y pueden percibir texturas y formas con un solo toque, que otros ignorarían. Una vez más vemos que el uso produce la sensibilidad. Y la Biblia nos exhorta a agudizar nuestro tacto espiritual. Cuanto más palpamos lo santo y lo verdadero, más nos disponemos para sentir el toque de Dios. Cuanto más se vence la tentación de tocar lo impuro, más se perfecciona el sentido profético para percibir lo divino. Una vida que permanece a través de los años en un camino de santidad, se sensibiliza proféticamente para tener experiencias con Dios reales y transformadoras.

Por otro lado, el ***"olfato espiritual"*** es la habilidad de discernir personas, ambientes y sucesos naturales. Nos habilita para descubrir lo profundo y escondido de las situaciones cotidianas. Este sentido equipa a los santos para comprender el mundo espiritual que opera detrás de lo natural. Se entrena a través de una vida de constante oración por todo lo que hacemos. Estar en el Espíritu es la clave del discernimiento. Observemos el sentido del olfato espiritual en la Biblia.

"Mas a Dios gracias, el cual nos lleva siempre en triunfo en Cristo Jesús, y por medio de nosotros manifiesta en todo lugar ***el olor*** *de su conocimiento. Porque para Dios somos* ***grato olor*** *de Cristo en los que se salvan, y en los que se pierden; a éstos ciertamente* ***olor de muerte*** *para muerte, y a aquéllos* ***olor de vida*** *para vida. Y para estas cosas, ¿quién es suficiente?"*

2 Corintios 2:14-16*

"Y andad en amor, como también Cristo nos amó, y se entregó a sí mismo por nosotros, ofrenda y sacrificio a Dios en ***olor fragante****".*

Efesios 5:2*

"Pero todo lo he recibido, y tengo abundancia; estoy lleno, habiendo recibido de Epafrodito lo que enviasteis; ***olor fragante****, sacrificio acepto, agradable a Dios".*

Filipenses 4:18*

(*énfasis añadido por el autor)

Vemos este sentido natural desarrollado en aquellos que producen o venden perfumes. Al estar continuamente discerniendo las fragancias alcanzan niveles de sensibilidad que otros no pueden percibir. Lo mismo sucede con aquellos que están constantemente ejercitando su olfato espiritual a través de la oración y vida en el Espíritu. Por esto el apóstol Pablo nos exhorta a orar sin cesar, para poder sentir a Dios incesantemente.

Como puedes notar, la sensibilidad profética no está reservada solo para "cristianos de élite" sino que es una característica de Cristo que todos los hijos de Dios podemos desarrollar. Pero sin dudas tenemos que entrenar nuestros sentidos y ser intencionales para lograrlo.

También necesitamos refinar la ***"vista espiritual"***, que es la habilidad de tener visiones y percepciones espirituales de las situaciones. Son mentes capacitadas para recibir indicios espirituales. También tiene que ver con el espíritu de revelación y sabiduría por el que Pablo ora sobre los efesios[55]. Este trae luz al entendimiento y nos permite ver lo que otros no ven. Se entrena pasando tiempo en intimidad, adoración y devoción profunda con Dios. Expertos en piedras preciosas, joyas, relojes, han sido tan perfeccionados en este sentido natural, que con una mirada rápida pueden ver la falsedad o legitimidad de las cosas. Lo mismo sucede en lo espiritual, aquellos que están continuamente mirando la luz, ven más claro.

"Aquellos que están continuamente mirando la luz, ven más claro"

"Porque contigo está el manantial de la vida; en tu luz ***veremos*** *la luz".*

Salmo 36:9*

*"**Alumbrando los ojos** de vuestro entendimiento, para que sepáis cuál es la esperanza a que él os ha llamado, y cuáles las riquezas de la gloria de su herencia en los santos".*

Efesios 1:18*

"La lámpara del cuerpo es el ***ojo****; así que, si tu* ***ojo*** *es bueno, todo tu cuerpo estará lleno de luz; pero si tu* ***ojo*** *es maligno, todo tu cuerpo estará en tinieblas. Así que, si la luz que en ti hay es tinieblas, ¿cuántas no serán las mismas tinieblas?"*

Mateo 6:22-23*

(*énfasis añadido por el autor)

Un estilo de vida de adoración constante produce una pureza en la visión capaz de ver lo que pocos pueden ver. Está profetizado que en los últimos tiempos Dios se manifestará con sueños y visiones[56]. Desarrollar un estilo de vida de intimidad extrema con Dios agudiza nuestra vista espiritual a la belleza, gloria y hermosura de Jesús y su plan.

Por último también necesitamos entrenar el ***"oído espiritual"***. Este produce la habilidad de escuchar la voz de Dios. También nos sensibiliza para oír advertencias, alertas o indicios que Él quiere entregarnos. Quienes tienen desarrollado este sentido pueden escuchar palabras de Dios detrás de las del hombre y sonidos espirituales detrás de los naturales. Conocemos de músicos que han pasado tanto tiempo expuestos al sonido que alcanzan una sensibilidad auditiva asombrosa. Lo mismo sucede con quienes exponen su oídos constantemente al Padre y anhelan escucharlo en todo. La Biblia nos enseña que Dios habla de diversas formas: a través de su Palabra, del Espíritu Santo en nuestro interior, del Hijo por medio de su vida, de otras personas, circunstancias, naturaleza, etc. El oído espiritual se ejercita exponiéndonos continuamente a estas herramientas que Dios utiliza para comunicarse con nosotros.

"Entonces Elías dijo a Acab: Sube, come y bebe;
porque una lluvia grande se ***oye****".*

1 Reyes 18:41*

"El que tiene ***oído, oiga*** *lo que el Espíritu dice a las iglesias".*

Apocalipsis 2:7*

(*énfasis añadido por el autor)

Cuanto más anhelamos oír, más oímos. Parece simple, pero es otra de las expresiones de la fe. Cuanto más gustamos su Palabra, más comprendemos sus profundidades. Cuanto más tocamos lo puro, más experimentamos su manifestación. Cuanto más olemos su fragancia en todo lugar, más percibimos lo que está detrás de lo visible. Cuanto más miramos su luz, más vemos su belleza. Ser entrenados en esta realidad es una responsabilidad de cada uno, Dios da gracia a algunos, para perfeccionar a todos. Pero no podemos depender solo de los profetas. Necesitamos volver al diseño original y ser intencionales en entender los planos y su propósito.

El ministerio profético es la dinámica por la que los cinco sentidos espirituales son activados en la iglesia produciendo madurez espiritual. Si anhelas ver una comunidad sensible y apasionada por Dios, comienza a hacer crecer estas áreas en tu vida personal. En el proceso de ser intencional en la búsqueda del progreso de estas habilidades, comenzarás a experimentar esta faceta clave de la plenitud de Cristo. Sensibilidad espiritual y pasión fervientes serán el fruto de esta dinámica activándose en tu vida. Y recibirás autoridad para poder guiar a otros a la plenitud del Hijo.

Ambientes proféticos

Otra de las maneras de activar el aspecto profético en el Cuerpo de Cristo es a través del desarrollo y participación de ambientes proféticos. Es más que un culto de oración y adoración, es una cultura establecida a través de lugares físicos donde fluye incesantemente la Presencia de Dios. Son espacios adonde las personas pueden correr a encontrarse con Él sin límite.

En la Palabra de Dios podemos observar lugares con ciertas características que proporcionaban un ámbito para que la actividad profética se desarrolle. En el Antiguo Testamento eran compañías de profetas, lugares de oración y adoración día y noche. En el Nuevo

Testamento, cuando la iglesia se mueve en ciertas dinámicas, lo profético se activa. Jesús dijo que la casa del Padre debía ser una casa de oración para todas las naciones[57], y que así como es la dinámica celestial debe ser la terrenal[58]. El cielo es el principal ambiente profético y nos revela un modelo que debemos reproducir en la tierra. Establecer ámbitos de oración, adoración, intercesión y búsqueda del Espíritu Santo, genera espacios donde las personas pueden activar sus sentidos espirituales.

A veces intentamos meter todos estos principios en las dos horas de culto dominical. No estoy hablando de eso. Creo que esas reuniones pueden cumplir cierto propósito pastoral o evangelístico, pero si queremos ver verdaderos cristianos transformados a la imagen de Cristo, deberemos volver al diseño de la iglesia primitiva cuando todos los días, en el templo y en las casas, fluían en este diseño sagrado llamado iglesia[59].

En el Antiguo Testamento, las compañías de profetas estaban compuestas por grupos de personas que pasaban tiempo juntos estudiando las profecías, adorando y buscando su Presencia de forma intensa. Se les enseñaba a moverse en las dinámicas proféticas y eran llamados hijos de los profetas[60]. Estos ámbitos corporativos de búsqueda profunda de Dios se transformaban en comunidades a donde el Padre traía dirección y la gente de los alrededores asistía a estos lugares en busca de consejo y visión divina.

La primera de tales escuelas que se mencionan, estuvo en Ramá[61]. Las compañías de profetas fueron una poderosa fuerza que limitó el avance de la marea del mal, que tan a menudo amenazaba con sumergir al pueblo de Israel bajo una inundación de idolatría, materialismo e injusticia, y proporcionó una barrera contra la ola de corrupción que avanzaba con mucha rapidez.

Cuando Saúl fue ungido como rey, Samuel lo envió a una compañía de profetas. Era clave que fuera activado en lo profético para comenzar su liderazgo.

"Después de esto llegarás al collado de Dios donde está la guarnición de los filisteos; y cuando entres allá en la ciudad encontrarás una ***compañía de profetas*** *que descienden del lugar alto, y delante de ellos* ***salterio, pandero, flauta y arpa, y ellos profetizando****. Entonces el Espíritu de Jehová vendrá sobre ti con poder, y profetizarás con ellos, y serás mudado en otro hombre. Y cuando te hayan sucedido estas señales, haz lo que te viniere a la mano, porque Dios está contigo. Luego bajarás delante de mí a Gilgal; entonces descenderé yo a ti para ofrecer holocaustos y sacrificar ofrendas de paz. Espera siete días, hasta que yo venga a ti y te enseñe lo que has de hacer. Aconteció luego, que al volver él la espalda para apartarse de Samuel, le mudó Dios su corazón; y todas estas señales acontecieron en aquel día. Y cuando llegaron allá al collado, he aquí la compañía de los profetas que venía a encontrarse con él; y el Espíritu de Dios vino sobre él con poder, y profetizó entre ellos. Y aconteció que cuando todos los que le conocían antes vieron que profetizaba con los profetas, el pueblo decía el uno al otro: ¿Qué le ha sucedido al hijo de Cis? ¿Saúl también entre los profetas?"*

1 Samuel 10:5-11

(énfasis añadido por el autor)

Veamos algunas características de una compañía profética:

- *Música (salterio, pandero, flauta, arpa)*
- *Personas profetizando*
- *Guía del Espíritu Santo*
- *Holocaustos y sacrificios (adoración)*
- *Mudanza de corazón*
- *El Espíritu descendiendo con poder*

Es muy explícita la relación que hay entre lo profético y la música. La adoración y la intercesión generan atmósferas donde los corazones son transformados, el Espíritu Santo es derramado y la gente experimenta la Presencia de Dios. Este es un patrón bíblico que encontramos a través de todas las Escrituras y principalmente en el diseño celestial. Necesitamos construir ambientes en nuestras comunidades donde estas dinámicas fluyan con libertad.

En una ocasión, Saúl estaba persiguiendo a David para matarlo. Sus celos lo habían llevado a la caza del joven conforme al corazón de Dios. Se enteró que David estaba en una compañía de profetas en Ramá. En tres oportunidades envió a su gente para que lo capturen en ese lugar y lo lleven con él. Pero cuando cada una de estas personas entraba en esos ambientes proféticos, eran tomados por la manifestación de Dios y comenzaban a profetizar.

"Huyó, pues, David, y escapó, y vino a Samuel en Ramá, y le dijo todo lo que Saúl había hecho con él. Y él y Samuel se fueron y moraron en Naiot. Y fue dado aviso a Saúl, diciendo: He aquí que David está en Naiot en Ramá. Entonces Saúl envió mensajeros para que trajeran a David, los cuales vieron una compañía de profetas que profetizaban, y a Samuel que estaba allí y los presidía. Y vino el Espíritu de Dios sobre los mensajeros de Saúl, y ellos también profetizaron. Cuando lo supo Saúl, envió otros mensajeros, los cuales también profetizaron. Y Saúl volvió a enviar mensajeros por tercera vez, y ellos también profetizaron. Entonces él mismo fue a Ramá; y llegando al gran pozo que está en Secú, preguntó diciendo: ¿Dónde están Samuel y David? Y uno respondió: He aquí están en Naiot en Ramá. Y fue a Naiot en Ramá; y también vino sobre él el Espíritu de Dios, y siguió andando y profetizando hasta que llegó a Naiot en Ramá. Y él también se despojó de sus vestidos, y profetizó igualmente delante de Samuel, y estuvo desnudo todo aquel día y toda aquella noche. De aquí se dijo: ¿También Saúl entre los profetas?"

1 Samuel 19:18-24

Lo que más me asombra de este acontecimiento, es que cuando Saúl en persona fue en busca de David, al entrar a este ámbito profético, él también comenzó a profetizar. ¿Puedes dimensionar lo que una atmósfera, donde la Presencia de Dios es el centro, produce en las personas? Hasta los más endemoniados como Saúl, son transformados en estos ambientes. Por esto, restaurar este ministerio en nuestras comunidades va a desatar un avivamiento sin precedentes.

Cuando las personas entran en lugares con estas características, son activadas en las dinámicas de esta área. Se vuelven sensibles a Dios y reconocen que Él está vivo y es real. Entonces la pasión y sensibilidad de Cristo es impartida en ellas. Si construimos estos ámbitos corporativos en nuestras familias y comunidades, muchos serán encendidos con el Espíritu de Dios al estar allí. Quizá te cueste personalmente esta área. Déjame darte un consejo, busca ambientes proféticos, donde haya mucha oración y adoración, y sumérgete allí. Verás cómo tu sensibilidad y percepción de Dios comienzan a activarse, porque esto es un diseño divino.

En los últimos veinte años nos hemos enfocado en construir, en nuestro ministerio MiSion, un espacio físico y espiritual donde lo principal sea el hambre por Dios, la adoración, la intercesión y meditación en su Palabra. Actualmente tenemos un cuarto de oración llamado Betania donde día y noche, incesantemente, no dejamos de buscar y clamar por Dios. Veo a los niños entrar en esa atmósfera y sin que nadie les enseñe, comienzan a adorar y percibir su Presencia. Adolescentes y jóvenes son activados allí. Matrimonios y familias enteras son atraídos por la manifestación del Señor. He aprendido este principio: Construye ambientes donde el hambre por Dios, la búsqueda y la Palabra sean lo principal y verás al Espíritu Santo descender con poder, mudar los corazones más endurecidos y activar lo profético en vidas y comunidades.

Estudiar los últimos tiempos

Un aspecto final que quisiera mencionar de la dinámica profética es el entendimiento de los últimos tiempos. Antes de avanzar, déjame aclararte que desde la cruz la Palabra especifica que ya estamos en esa temporada[62]. Los apóstoles de la iglesia primitiva, consideraban que lo que los profetas habían dicho sobre los postreros días, estaba ya vigente en su generación. ¿Cuánto más nosotros deberíamos considerarlo dos mil años después?

Percibir a Dios, oír su voz y trasmitirla a otros es como el *"kindergarten"* (jardín de infantes) del ministerio profético. Cuando comenzamos a estudiar las profecías bíblicas sobre el fin de esta era y el regreso de Cristo, la iglesia entra en otro nivel de madurez espiritual. La Palabra de Dios es la profecía más segura y nos alumbra el camino a seguir, como hemos estudiado en el ministerio magisterial. Aquí es donde el río bíblico y el profético se encuentran. Hay más de 150 capítulos en nuestra Biblia que hablan explícitamente de un período llamado últimos tiempos, que sucederá en la generación que estará en la tierra antes y durante la segunda venida de Cristo. Por la extensión de estos capítulos, si se los coloca todos juntos, representan un 26% de la Biblia. En realidad son muchos más los que aluden a ese período indirectamente. ¿Logras captar lo que esto significa? Más de un cuarto de tu Biblia habla de esa temporada. Cuando valoramos las profecías, activamos lo profético. Menospreciarlas, apaga esta dinámica. Hay una pasión y sensibilidad impresionantes que se activan cuando se nos despierta el entendimiento de los tiempos. Sin embargo, estudiar los sucesos venideros, no es solo adquirir información futura de lo que ha de suceder, sino más bien, conocer a Jesús en su faceta del que ha de venir. El espíritu de la profecía es testificarnos y revelarnos quién es Jesús.

> ***"Cuando valoramos las profecías, activamos lo profético"***

"Adora a Dios; porque el testimonio de Jesús es el espíritu de la profecía".

Apocalipsis 19:10b

Él es el que era, el que es y el que ha de venir. La iglesia sabe mucho del que era, un poco del que es y casi nada del que ha de venir. Cuando nuestro corazón se despierta a las profecías de los últimos tiempos, se activa una sensibilidad espiritual extraordinaria. Las profecías no son información para nuestra mente sino poder para nuestro corazón. La esperanza de la segunda venida de Cristo nos enciende y purifica.

"Amados, ahora somos hijos de Dios, y aún no se ha manifestado lo que hemos de ser; pero sabemos que cuando él se manifieste, seremos semejantes a él, porque le veremos tal como él es. Y todo aquel que tiene esta esperanza en él, se purifica a sí mismo, así como él es puro".

1 Juan 3:2-3

Hace algunos años veo miles de personas llenarse de pasión y sensibilidad por tener la esperanza correcta no solo de lo que vendrá, sino de Aquel que ha de venir. Los discípulos predicaban este mensaje y anhelaban que este suceso acontezca en su generación. Es por esto que tuvieron frutos tan abundantes. Pablo dice a los corintios que quien no tiene su esperanza en la segunda venida de Cristo, es digno de lástima.

"Si nuestra esperanza es que Cristo nos ayude solamente en esta vida, no hay nadie más digno de lástima que nosotros".

1 Corintios 15:19, TLA

Lee todo el contexto de este capítulo y verás el énfasis que Pablo estaba haciendo en que la iglesia ponga su esperanza en las dinámicas del regreso de Cristo. El problema es que no podemos esperar lo que no entendemos. Una comprensión contaminada de la segunda venida de

Jesús y de todas las dinámicas alrededor de esta, infecta el ministerio profético en la iglesia. Por lo tanto, lejos de producir pasión y sensibilidad, trae temor y confusión. Me gusta enseñar que todo entendimiento del regreso de Cristo y los últimos tiempos que no nos haga exclamar apasionadamente: ¡VEN!, deberíamos revisarlo. Porque toda la profecía de Apocalipsis, que describe todos estos sucesos, termina diciendo: *El que oye dice "Ven", el Espíritu dice "Ven", la Esposa dice "Ven", Juan dice "Ven" y Jesús declara "Vuelvo en breve".* Si no deseas que Él vuelva pronto, es que quizá no entiendes aún como será verdaderamente su venida. Esta profecía que detalla todos estos acontecimientos, es el único libro de toda la Biblia que contiene una bendición explícita para aquellos que lo lean, oigan y guarden[63]. Paradójicamente es el que menos se estudia en muchas iglesias, y es en el que más confusión el enemigo ha logrado sembrar. ¿Puedes identificar una vez más su plan de debilitar el área profética de la iglesia?

Profundizar en el estudio de los últimos tiempos es un aspecto vital de lo profético. Jesús fue totalmente enfático en este punto. Predicó el evangelio del reino que incluía todas las buenas noticias del gobierno físico venidero de Jesús a todas las naciones. En Mateo 24, cuando describe todas las señales de su segunda venida, comisiona a sus discípulos que debían anunciar "ese" evangelio del reino. Aún no había muerto en la cruz, pero destacó que en medio de las dificultades venideras, debíamos predicar las buenas noticias de que Él volvería pronto a restaurar todas las cosas y reinar sobre todas las naciones.

Una iglesia profética

Una iglesia profética es una comunidad que ha adquirido la sensibilidad y pasión de Jesús. Es una cuyos integrantes tienen los cinco sentidos desarrollados para percibir a Dios en la vida cotidiana. A la vez, construyen ambientes proféticos donde cada persona que entra allí es activada en la realidad de la manifestación de su Presencia. Es una congregación espiritual que sabe de dónde viene pero tiene claridad de hacia dónde va. Anuncia las buenas noticias de lo que el Padre está por hacer en la tierra, despertando así una esperanza que purifica a las personas y las conecta con el glorioso día en que Cristo volverá a gobernar físicamente todas las naciones.

Te animo a desarrollar esta área en tu vida. Comenzarás a ver como Jesús y sentir como Él. Recuerda que Dios despierta y levanta a algunos para equipar y perfeccionar a todos. Creo que hoy te está llamando a través de este libro para activar a muchos. Pequeñas comunidades que viven estas cinco dinámicas pueden afectar grandes masas. Dios prometió que la iglesia antes de su regreso sería gloriosa, y está reclutando un ejército que se comprometerá a servir a la Novia del Cordero para colaborar con este propósito. Si eres uno de ellos, sé intencional en desarrollar cada una de estas áreas. Dios lo está haciendo, en los próximos días se verá en la tierra, una iglesia gloriosa e integral.

CONSEJOS PRÁCTICOS PARA ACTIVAR LA DINÁMICA PROFÉTICA

• *Activa intencionalmente los cinco sentidos.* Repasa esa sección del capítulo y establece un plan de acción práctico para desarrollarlos.

• *Muévete en ambientes proféticos.* Si frecuentas lugares de adoración, intercesión y mover profético, crecerás en oír la voz de Dios y ver lo que está detrás de lo natural.

• *Estudia los últimos tiempos en las Escrituras.* En la Biblia hay 150 capítulos que hablan de los últimos tiempos, profecías que aún no se cumplieron en su totalidad y traen claridad para discernir lo que está pronto a suceder (puedes descargarlos del sitio web de MiSion, sección recursos).

• *Estudia el libro de Apocalipsis.* Es el único libro bíblico llamado "la profecía", y que contiene una promesa especial para aquellos que lo oyen, leen y guardan. Esta revelación de Jesús es el espíritu de la profecía[64].

• *Establece un estilo de vida de devoción íntima con Dios.* Separa horas y días para adorar e interceder en tu intimidad. Al pasar tiempo de profundidad con Él, aprenderás a entrenar tus sentidos espirituales.

• *Desarrolla un hábito de intercesión.* Cuando oramos por algo, sentimos lo que Dios siente por eso. Los intercesores reciben el sentir y las palabras del Padre para las áreas por las que claman.

• *Sé un adorador extremo.* Así como los cuatro seres vivientes que están delante del trono celestial están llenos de ojos por dentro y por fuera, Dios te llenará de percepción espiritual al acercarte apasionadamente a Él.

• *Pide diariamente espíritu de sabiduría y revelación en el conocimiento de Cristo.* Efesios 1:17-18 nos muestra una oración clave para que lo profético sea activado.

Capítulo 6

MINISTERIO EVANGELÍSTICO

La compasión de Cristo

Capítulo 6

MINISTERIO EVANGELÍSTICO

La compasión de Cristo

Cada sermón que daba lo hacía con lágrimas en sus ojos. Su conexión con quienes lo escuchaban era profunda; y sus palabras, como flechas clavadas en el corazón de cada uno. Emanaba compasión en cada mirada, acción y movimiento. Cuando sanaba a un enfermo, antes de hacerlo, lo miraba a los ojos y establecía una conversación. Hacía preguntas obvias: *¿Quieres ser sano?* Imagina a un ciego o a un paralítico escuchando este interrogante. Quizá te preguntes: ¿Por qué no hacía el milagro de una vez? Es que más que ir arreglando a la gente por ahí, Él quería establecer una relación con ellos. Más que una exhibición de poder, le interesaba una conexión de amor. Y su objetivo era que esa persona se transforme en un discípulo. Establecía puentes y derribaba muros.

Los niños encontraban seguridad cerca de Él. Los pecadores se sentían perdonados; y los marginados de la sociedad, incluidos. Su compasión no distinguía clase social ni estatus. El principal de los fariseos se sentó con Él a la mesa, al igual que la mujer pecadora. Un joven rico quería seguirlo, y también una prostituta. Se acercaba a los endemoniados y lunáticos. Le atraían los casos más difíciles. Dejó claro que había venido a buscar a los que estaban perdidos. Su misión eran los que tenían necesidad de un médico ya que Él tenía la medicina espiritual que necesitaban. Su corazón saturado de amor buscaba a todos. Cada día recorría aldeas y ciudades, y anunciaba las buenas noticias del reino eterno. Es que cuando se te revela lo que portas, no puedes dejar de entregarlo a otros. El Padre lo había enviado con la solución para los problemas físicos, emocionales y espirituales que las personas experimentaban. Era un derrochador de gracia y perdón. Si en el cielo hay fiesta cuando un pecador se arrepiente, por esos tres años hubo celebración incesante.

Predicar el evangelio, no era para Él un evento aislado, sino un hábito diario. Su vida era una cruzada evangelística continua. No desperdiciaba una ocasión. Les predicaba a todos, todo el tiempo. A la vez hacía sentir a cada persona única, especial y amada. Y no terminaba su trabajo solo cuando abrían su corazón al evangelio, era experto en hacer discípulos. Los invitaba a caminar juntos y se aseguraba de inspirarlos a ser más que siervos, amigos. Se multiplicó tanto en ellos, que el movimiento que inició no dejó de crecer hasta hoy. Les predicó a más personas durante sus tres años de ministerio que lo que haría el mayor evangelista que conoces en tres vidas.

Las dos armas que más utilizó para alcanzar a los perdidos fueron la compasión y el poder. Dejó claro que el Padre lo había enviado y le había otorgado toda potestad. El mensaje que más predicó fue el reino. Lo hizo con demostración de prodigios y milagros. No solo anunció la realidad celestial sino que demostró su legalidad en nuestro ámbito. *"Qué así como es en el cielo sea en la tierra"* fue más que una oración para Él. Estableció las características del reino eterno en el mundo temporal. Todo lo que es posible allí, lo hizo evidente aquí. Si en el cielo no hay enfermedad, tampoco dejaría un enfermo sin sanar. Si en el cielo no hay demonios, tampoco debía haberlos donde el reino estaba. Demostró que la realidad celestial, se puede vivir en las ciudades, aldeas, familias y vidas en la actualidad. Anunció la buena noticia de que la idea de Dios de llenar con su gobierno cada rincón de la tierra seguía vigente. El hombre perdió este propósito en el jardín, pero Él vino a restaurarlo. Aseguró la profecía de que el dominio del cielo colonizará la tierra. Y no solo recuperó el reino sino que reinstauró a los reyes. Contagió compasión, delegó autoridad y envió a sus discípulos a predicar el evangelio. Les modeló el camino, los equipó y les encomendó completar la misión.

Como ya has notado, no solo fue el Buen Pastor, el Rabí o el Maestro, un profeta infalible, sino un notable evangelista. Jesús es el ejemplo de todo y elevó nuestro tope al decirnos que haríamos obras mayores. ¿Aún quieres ser como Él? Entonces necesitas recibir su compasión. Precisas verlo a cara descubierta como en un espejo y ser transformado en su misma imagen. No solo tienes el corazón de Cristo, su mente, sus sentidos, sino que también quiere entregarte sus manos y sus pies para alcanzar a los perdidos. Y por esto estableció este ministerio para que la obra que Él comenzó, nosotros la podamos continuar.

"Y Él mismo constituyó a unos... EVANGELISTAS..."

Efesios 4:11

La compasión de Cristo

El ministerio de evangelismo en el diseño glorioso de la iglesia, activa la compasión de Cristo en los creyentes. Si este "amor en acción" no está presente, una parte de Cristo está ausente. Ser como Jesús es desarrollar pasión por los perdidos. La compasión es un músculo que se entrena como el resto de las características de Cristo. Probablemente no lo experimentes de un día para otro, pero debes empezar a ejercitarlo intencionalmente. Si vuelves a hacer deporte después de una temporada de inactividad, notarás cómo tus músculos duelen y rechazan el esfuerzo. Pero luego, con la práctica, comienzan a fortalecerse y se potencia tu rendimiento. Lo mismo sucede con el evangelismo, cuando no estás acostumbrado lo ves como una tarea imposible, y hasta llegas a rechazarla y afirmar que careces de la habilidad para hacerlo. Pero cuando comprendes que al ejercitar la compasión, no solo eres los brazos de Dios para alcanzar personas, sino que te vuelves como Cristo, todo tu organismo espiritual comienza a funcionar según fue creado. Si vences los obstáculos para comenzar a obedecer, verás que fuiste diseñado para esto. El propósito del evangelio es hacer discípulos a la imagen de Jesús. Has sido creado a imagen de Él, por lo tanto tu diseño es manifestar compasión por los perdidos.

Cada ministerio nos otorga un aspecto de Cristo. Por eso Jesús estableció este diseño para que seamos como Él. La compasión es la cualidad que Dios nos da para sentir el dolor del prójimo. Cuando el primer mandamiento es restaurado en una vida, el segundo fluye como consecuencia. Al experimentar la verdad liberadora de ser amado incondicionalmente por Dios, necesitas que todos vivan lo mismo. Al igual que en el tiempo de Jesús, en las calles de nuestras ciudad, ámbitos de trabajo y aun iglesias, hay infinidad de enfermos, leprosos espirituales, perdidos, endemoniados y personas avanzando lentamente hacia la condenación eterna. Cuando se te revela que Dios a través del Espíritu Santo te dio el remedio para cada una de esas enfermedades, no puedes dejarlos así. Tienes la medicina para todo lo que las personas que caminan cerca de ti necesitan. No los dejes morir por favor, conéctate con ellos.

El justo por la fe vive, y no la necesitamos solo para seguir en Cristo, sino también para hacer sus obras. Lo primero que debes creer es que fuiste diseñado para ser como Él, y que la dinámica evangelística

"La salvación de las almas es una victoria ya consumada en la cruz del Calvario que solo necesita discípulos que vayan a recoger la recompensa de su sacrificio"

activa un área determinante en la ecuación. Luego, como los designios de Dios no fallan y sus ideas son perfectas, debes llenarte de fe para convencerte que Él te dio la habilidad para alcanzar a los perdidos. La salvación de las almas es una victoria ya consumada en la cruz del Calvario que solo necesita discípulos que vayan a recoger la recompensa de su sacrificio. El ministerio evangelístico no solo te envía a esta misión, sino que te equipa para lograrlo. Recuerda que cada una de estas cinco dinámicas tiene el fin de perfeccionar a los santos para la obra del ministerio. Así como a través del ministerio profético desarrollamos nuestros cinco sentidos para percibir a Dios, en esta expresión de Cristo necesitamos activarlos para comprender el sufrimiento del otro. El Padre nos ha equipado con dones, habilidades y gracia para aliviar, reducir o eliminar las consecuencias del pecado en muchas vidas.

El ministerio pastoral conecta tu corazón con la comunidad de fe, produciendo el carácter de Cristo. El bíblico conecta tu mente con las verdades de Dios, otorgándote su sabiduría. El profético, tus sentidos con la realidad del Padre, dándote la pasión de Jesús. El evangelístico, tus manos con la necesidad de las personas, brindándote su compasión. También, entiendo que esta área no son solo las manos sino los pies. Es Dios moviéndote para tocar a los perdidos. Cuando el Espíritu te impulsa a ir hacia una persona que necesita a Jesús y con tus manos manifiestas el poder de Dios para salvación mientras le predicas el evangelio, experimentas facetas maravillosas de Cristo. Es de esta manera que el evangelio pasó hace más de dos mil años de doce a ciento veinte, y de ciento veinte a millones. Pero aún hay muchas almas que Jesús ganó en la cruz y que el cielo está preguntando, ¿quién irá a buscarlas para que el Cordero obtenga la recompensa de su sacrificio?

Venciendo el egoísmo y la indiferencia

El egoísmo es uno de los mayores enemigos de la compasión. Ego significa: *"yo, el ser individual"*; ismo: *"tendencia, práctica de"*. O sea que el egoísmo es la *"tendencia al yo"* o *"la práctica de mi individualidad"*. Todo el sistema caído fomenta esta forma de vivir. Está tan ejercitada esta inclinación en nosotros, que aun cuando llegamos a Cristo no podemos debilitar la desarrollada tendencia a nosotros mismos. Al igual que la compasión, el egoísmo es un músculo. Todos los días fortalecemos uno y debilitamos otro. El egoísmo te hace a ti mismo tu dios; la compasión te hace experimentar a Dios. Uno hace que Cristo se apague en ti; el otro hace que Cristo crezca en ti. No fuiste diseñado para velar por ti mismo, sino por otros. Es tan abrumadora la influencia de este sistema en el cual sutilmente pasamos horas y horas practicando el yo. Por esto necesitamos ser intencionales en entrenar nuestro amor al prójimo. Cuanto más sales de ti mismo y miras por otro, más parecido a Jesús te vuelves. Esto fue lo que expresó el apóstol Pablo a los filipenses:

> ***"El egoísmo te hace a ti mismo tu dios; la compasión te hace experimentar a Dios"***

> *"Nada hagáis por contienda o por vanagloria; antes bien con humildad, estimando cada uno a los demás como superiores a él mismo; no mirando cada uno por lo suyo propio, sino cada cual también por lo de los otros. Haya, pues, en vosotros este sentir que hubo también en Cristo Jesús".*
>
> **Filipenses 2:3-5**

Otro de los enemigos de la dinámica evangelística es la indiferencia. Siempre hemos definido lo opuesto al amor como el odio. Entonces nadie duda que odiar a otra persona es algo que corrompe la imagen de Cristo en nosotros. Sin embargo, yo soy de los que creen que lo opuesto al amor también es la indiferencia. Es decir que fuimos creados para amar al prójimo, y en especial manera a los perdidos. Quizá digas que no odias a los más necesitados, pero si estás siendo indiferente a ellos, déjame decirte que no los estás amando. Precisamos erradicar toda indiferencia de nuestras vidas. Aun cuando nos enojamos con alguien que nos lastimó, o esa persona que simplemente no nos cae bien, nos excusamos en que no la odiamos, pero decidimos vivir como si no existiera. La indiferencia es una expresión sutil del odio y esta provoca una falla en tu diseño, ya que fuiste creado a imagen de un Dios que jamás es indiferente, abraza a todos como son, y con ese amor los lleva a cómo deben ser. Jesús practicaba diariamente erradicar esta enfermedad que incrementa la apatía e insensibilidad. Recorría aldeas y ciudades exponiéndose a la consciencia de la necesidad del otro.

La compasión te conecta con el corazón del prójimo y establece un puente para que las buenas noticias del reino de Dios sean impartidas. Si logras captar su carencia y comprendes que el Padre te equipó con lo necesario para suplirla, te habrás conectado con una persona para llevarla a los pies de Jesús. ¿Puedes ver que el Padre encomendó a Jesús la misión de salvar a los más desamparados? Dios lo envió a buscar lo que se había perdido[65]. Lo poderoso es que de la misma manera que el Padre lo hizo con Jesús, el Señor nos comisionó a nosotros[66]. Por esto necesitamos responder, porque Jesús nos mostró con su ejemplo cómo hacerlo. Es tiempo de crucificar todo egoísmo e indiferencia y dejar que la compasión de Cristo sea formada en ti.

El poder de Cristo

Cuando esta dinámica se activa en nuestras comunidades de fe, otro de los atributos del Señor que se manifiesta es su poder. ¿Puedes ver cómo estos cinco ríos son los márgenes por los cuales fluye la naturaleza de

Dios y es impartida a los discípulos? La compasión nos conecta con la necesidad, y el poder nos hace suplirla. Jesús estaba lleno de compasión pero también de poder. Y Él dijo claramente que sus discípulos harían las mismas señales (y aún mayores) que las que Él hizo[67]. ¿Recuerdas Antioquía? El relato de las dinámicas que sucedían en ese lugar incluye que allí era visible la mano de Jesús.

"Y la mano del Señor estaba con ellos, y gran número creyó y se convirtió al Señor".

Hechos 11:21

¿A qué se refiere la *"mano del Señor"*? Bíblicamente, esta expresión representa milagros y prodigios. ¿Qué producían estas señales de Jesús? Que muchos crean y se conviertan. Entonces, el fruto fue que a los discípulos se los llame cristianos por primera vez allí, ya que los reconocían como pequeños modelos de Cristo. El mismo Señor nos dejó claro que las señales iban a seguir a los que vivían en estos niveles de fe. No lo planteó como una posibilidad sino como una afirmación:

"Y estas señales seguirán a los que creen: En mi nombre echarán fuera demonios; hablarán nuevas lenguas; tomarán en las manos serpientes, y si bebieren cosa mortífera, no les hará daño; sobre los enfermos pondrán sus manos, y sanarán".

Marcos 16:17-18

Si entrenas tu fe, amor, compasión y conexión con los perdidos, no tengo dudas que las señales te seguirán. Jesús establece el orden, no seguimos las señales para creer que Dios está con nosotros, estas nos siguen porque creemos, y otros ven que Dios está con nosotros. Sabemos que el Espíritu Santo da distintos dones, ministerios y operaciones[68], pero como ya hemos estudiado, cada una de estas herramientas de gracia es para equipar y perfeccionar a todos los santos. Es decir que hay un nivel en el cual todos nos podemos mover en estas habilidades espirituales. Dicho principio no anula el designio de que Dios levante algunos para perfeccionar a todos. Por esto amamos cuando los evangelistas nos cuentan testimonios de milagros y experiencias, porque es Él tratando de inspirarnos a ser como Cristo. Cuando vemos al Espíritu Santo usando a un evangelista en sanidades o liberaciones, no es para compararnos y menospreciarnos por nuestra falta de poder, sino para recibir el mensaje que Dios nos está enviando: que Él quiere hacerlo a través de nosotros también. El Padre nos revela características del Hijo en estos referentes que todos debemos desarrollar en cierto nivel si queremos ser como Jesús.

"No seguimos las señales para creer que Dios está con nosotros, estas nos siguen porque creemos, y otros ven que Dios está con nosotros"

Pablo también fue enfático en la demostración de poder a la hora de predicar el evangelio del reino:

> *"Y ni mi palabra ni mi predicación fue con palabras persuasivas de humana sabiduría, sino con demostración del Espíritu y de poder".*
>
> **1 Corintios 2:4**

> *"Porque el reino de Dios no consiste en palabras, sino en poder".*
>
> **1 Corintios 4:20**

No tenemos que acomodar estos versículos a nuestra limitada realidad, sino incrementar nuestra fe para poder vivir en la plenitud de la herencia que el Padre nos dio. Pablo oraba para que el Dios de nuestro Señor Jesucristo, el Padre de gloria alumbre los ojos de nuestro entendimiento para comprender la herencia que nos fue otorgada. Clamaba para que se nos revele que el mismo Espíritu que levantó a Jesús de los muertos actúa en cada uno de nosotros. El poder de su fuerza está disponible para todos los que creen[69]. Sin embargo, él aclara que esta potestad fue dada a la iglesia. O sea, a aquellos que operan en el diseño que estamos desarrollando en este libro.

"Y sometió todas las cosas bajo sus pies, y lo dio por cabeza sobre todas las cosas a la iglesia, la cual es su cuerpo, la plenitud de Aquel que todo lo llena en todo".

Efesios 1:22-23

En otras palabras está diciendo que cuando la iglesia se mueve en la plenitud del diseño divino tenemos acceso a estas dimensiones de poder. Necesitamos abrazar esta idea original y comenzar a manifestar lo que nos fue dado. Cuando fluyes en la dinámica del Cuerpo, tienes un cheque en blanco que contiene los recursos del cielo para ser entregados en la tierra.

"No podemos dar aquello que no sabemos que tenemos"

Si no creemos que fuimos equipados por Dios para manifestar su poder, será imposible vivir en esta realidad. No es posible dar aquello que no sabemos que tenemos. Los discípulos eran personas limitadas que no comprendían la plenitud del propósito para el cual Dios los había creado. Luego del discipulado intensivo de Jesús de tres años, no solo fueron desafiados a predicar el evangelio y a realizar las obras que les había modelado, sino que comprendieron que tenían libre acceso a la fuente de poder celestial. Cuando Pedro y Juan vieron a aquel paralítico en la puerta del templo, expresaron que no podían dar algo que no tenían, pero sí debían ser administradores de aquello que se les había entregado.

"Mas Pedro dijo: No tengo plata ni oro, pero lo que tengo te doy; en el nombre de Jesucristo de Nazaret, levántate y anda".

Hechos 3:6

¿Se te ha revelado lo que tienes? ¿Estás dando a otros lo que Dios te otorgó para manifestar su reino? Dios llenó tu cuenta de recursos para poder dar a conocer su poder conectándote con otros en compasión. ¿Estás escondiendo tus talentos o los estás multiplicando? Si te sientes limitado o trabado para hacerlo, la llave que Dios utiliza para desbloquearte y activarte es el Espíritu Santo.

El Espíritu Santo te hace como Jesús

Sabemos que el Espíritu de Dios es el emisario de la trinidad que nos empodera. Jesús nos dejó al Ayudador para que Él mismo sea glorificado. Es imposible ver la manifestación de milagros sin la llenura del Espíritu. El Señor dejó claro esto cuando invitó a sus discípulos a esperar su derramamiento en el aposento alto. No podemos ser testigos sin poder, y no podemos recibir poder sin clamor y hambre por el Espíritu Santo. Por otro lado, cuando lo entristecemos, Él se apaga. Y cuando lo hace, lo mismo sucede con el poder y los milagros.

"No podemos ser testigos sin poder, y no podemos recibir poder sin clamor y hambre por el Espíritu Santo"

Luego de tres años de caminar junto al Maestro la última noticia que los discípulos anhelaban oír fue dada. Jesús les dice: *Hasta aquí llegué, me voy.* ¿Puedes imaginarte la reacción de los discípulos cuando los indicios que iba dando se transformaron en la confirmación de que los dejaría? La Biblia registra que Pedro exclamó: *De ninguna manera permitiré que eso suceda*[70]. Entiendo que los demás compartieron el sentimiento. Luego de dejar todo para caminar con Jesús sin muchas certezas, tres años después se había convertido en la mejor decisión de sus vidas. Ahora era bien visto seguir a Jesús y ellos estaban viviendo el clímax de su ministerio. Y en el momento en que "las puertas" empezarían a abrirse, las cruzadas de milagros se multiplicarían y todos comenzarían a ver con otros ojos a estos pescadores, ¿el líder de este movimiento dice me voy? *Jesús, eres demasiado joven, a los 33 años la mayoría de las personas está iniciando su ministerio, no decidiendo dejarlo* (como ves me estoy poniendo en la piel de los discípulos). Podríamos continuar con las especulaciones por un buen rato, pero lo cierto es que notamos, por la narrativa de los evangelios, que no fue bien recibida la noticia por los suyos. El Maestro, redobla la apuesta, y no solo les cuenta que los dejaría, les dice que les conviene que esto suceda:

"Pero yo os digo la verdad: ***Os conviene*** *que yo me vaya; porque si no me fuera, el Consolador no vendría a vosotros; más si me fuere, os lo enviaré".*

Juan 16:7

(énfasis añadido por el autor)

Permíteme seguir en el lugar de los discípulos. *Jesús, no solo me estás arrojando el balde de agua fría diciéndome que te vas, sino que además quieres conformarme dándome a entender que tu muerte nos conviene. Algo no me cierra en esta ecuación.* Y verdaderamente el problema es nuestra limitada capacidad de comprensión. Jesús no está dando "un consuelo de niños" al decirnos que conviene que Él se vaya para que quede el Espíritu Santo, sino que nos está invitando a una nueva realidad. Lo que el Maestro está expresando es que una iglesia llena del Espíritu es el siguiente nivel que llevará las obras de Cristo y su evangelio a otra dimensión de poder.

Jesús, siendo Dios hecho hombre, se limitó en un cuerpo humano y no podía estar con mucha gente a la vez. Aunque discernía a las personas, no tenía la capacidad de meterse dentro de ellas y si bien fue ejemplo de cómo vivir el verdadero evangelio, tampoco era posible ir a todos lados con los discípulos para que lo lleven a cabo. Sin embargo, a través del Espíritu, Él puede concretar su deseo de estar en nosotros para realizar las obras que glorifiquen al Padre. El Señor comenzó a convencer a sus seguidores de que experimentar la realidad del Espíritu era más necesario que tenerlo a Él en persona. No sé si te lo habías planteado o crees plenamente las palabras de Jesús. Pero una vida de intimidad con el Espíritu Santo, según el Señor, nos conviene más que tenerlo a Él como lo tuvieron los discípulos.

La primera vez que entré en la comprensión de estas verdades, fui confrontado. Si Jesús estaba diciendo que lo que tengo acceso para vivir diariamente a través del Espíritu, es mejor que tenerlo a Él físicamente, mi conclusión fue que no conocía verdaderamente al Espíritu de Dios. Entonces comencé a clamar por su Presencia en mí. Y así entré en una aventura para descubrir a mi Ayudador, el que me guía a toda verdad, Aquel que me trae convicción de pecado, el que me hace clamar Abba Padre, y tantas cosas más. Entendí cuántas veces había sido el Espíritu Santo quien me hizo sentir la Presencia de Jesús y del Padre en infinidad de momentos, quien no me dejó caer y puso el deseo de correr a los brazos de Dios en mis días más difíciles. Y este caminar encendió la luz en mi interior y pude comenzar a comprender todo lo que me había sido dado. ¿Sabes que esa vez que estuviste por tirar la toalla, ese "algo" que te frenó y te hizo correr a Dios, fue el Espíritu

Santo? ¿Comprendes que en aquella reunión cuando caíste postrado abrumado por el amor de Dios, fue el Espíritu Santo? ¿Entiendes que aquel milagro que experimentaste, fue el Espíritu Santo? Quien hizo que te arrepintieras y te vuelvas a levantar cuando caíste, ha sido Él. Aquella vez que fuiste usado para ministrar a esa persona y viste su corazón ser tocado, también fue Él. Siempre es Él. Siempre es el Espíritu Santo. Creo que es un buen momento para que detengas tu lectura y le des gracias a tu mejor Amigo, tu incondicional y fiel Ayudador, Dios en nosotros, el Espíritu Santo.

Cuanto más lo reconoces, más lo ves. Y cuanto más consciente de Él eres, más te llenas de Él. Esta fue la travesía que comenzaron a vivir los discípulos luego que Jesús ascendió, descubrieron la vida en el Espíritu y entendieron lo que les había sido dado. Finalmente comprendieron que las palabras de Jesús habían sido verdaderas y que era de su conveniencia caminar con el dulce Espíritu de Dios. Así fue que los milagros comenzaron a fluir y el reino se extendió. Y hoy no podemos llevar la tarea al siguiente nivel, sin la llenura del Espíritu Santo. Él es quien nos hace como Jesús y nos da acceso a todas las realidades de las que estamos hablando en este libro.

El Espíritu Santo transforma tu personalidad

Una de las excusas que aparecen a la hora de activar el área evangelística y conectarnos con los perdidos, es que nosotros no somos así. Que hay personas más extrovertidas, valientes o capacitadas para hacer esta tarea, pero a nosotros Dios no nos dio esa gracia o ministerio. Esta tensión entre lo que fuimos creados para hacer y lo que nos sentimos

> ***"Esta tensión entre lo que fuimos creados para hacer y lo que nos sentimos capaces de realizar, se resuelve solo cuando somos llenos del Espíritu Santo"***

capaces de realizar, se resuelve solo cuando somos llenos del Espíritu Santo. Él es capaz de transformar cualquier temperamento, carácter y personalidad. Cuando está llena del Espíritu, aun la vida más débil hace temblar el infierno. Es verdad, sin Él, no puedes realizar nada, mucho menos milagros. Pero todo lo podemos en Cristo que nos fortalece, y llenos de Él siempre somos mayoría. Observa lo que le sucedió a Pedro, cuando entró en esta realidad:

"Entonces Pedro, ***lleno del Espíritu Santo****, les dijo: Gobernantes del pueblo, y ancianos de Israel: Puesto que hoy se nos interroga acerca del beneficio hecho a un hombre enfermo, de qué manera este haya sido sanado, sea notorio a todos vosotros, y a todo el pueblo de Israel, que en el nombre de Jesucristo de Nazaret, a quien vosotros crucificasteis y a quien Dios resucitó de los muertos, por él este hombre está en vuestra presencia sano. Este Jesús es la piedra reprobada por vosotros los edificadores, la cual ha venido a ser cabeza del ángulo. Y en ningún otro hay salvación; porque no hay otro nombre bajo el cielo, dado a los hombres, en que podamos ser salvos.* ***Entonces viendo el denuedo de Pedro y de Juan, y sabiendo que eran hombres sin letras y del vulgo, se maravillaban; y les reconocían que habían estado con Jesús. Y viendo al hombre que había sido sanado, que estaba en pie con ellos, no podían decir nada en contra****".*

Hechos 4:8-14

(énfasis añadido por el autor)

¿Puedes notar lo que sucede en la persona más vulgar cuando es llena del Espíritu Santo? Aquel que no sabía hablar, abre su boca y comienza a dar discursos que quebrantan a los poderosos. Los que no tienen letra, se transforman en los más sabios que destronan los razonamientos de este mundo. Quien era conocido como alguien tosco, comienza a ser visto como una persona digna de ser admirada. Las sanidades ocurren

"Cuando está llena del Espíritu, aun la vida más débil hace temblar el infierno"

y las señales siguen a los que viven llenos del Espíritu. Todo espíritu contrario es enmudecido y ni tus enemigos pueden hablar en tu contra.

Espero que estas palabras estén despertando hambre por el Espíritu Santo. Necesitas transformar todas tus excusas en deseo por Él. Según el apóstol Pablo, ser lleno del Espíritu es un mandato:

"No os embriaguéis con vino, en lo cual hay disolución; antes bien sed llenos del Espíritu".

Efesios 5:18

Pablo utiliza la comparación de embriagarse con vino, al exhortarnos a ser llenos del Espíritu Santo. Quizá sea porque hay varios principios que podemos tomar de esta especie de parábola. Cuando una persona se embriaga, su propia personalidad es inhibida y comienza a realizar cosas que jamás en su sano juicio haría. Cuando alguien es lleno del Espíritu, su forma de ser es inhibida y comienza, al igual que Pedro, a realizar cosas que jamás en su razón haría. Por otro lado, nadie se embriaga por tomar solo una copa, sino que dicen que los buenos borrachos son los que toman de la mañana a la noche. He aprendido que nadie se llena del Espíritu Santo por beber un poco de Él, sino que aquellos que claman día y noche y son conscientes de su Presencia todo el tiempo, son los que más experimentan su poder. La embriaguez no distingue clases sociales, culturas ni estatus. Tampoco necesitas hacer un curso de las características del vino para emborracharte (espero no estar dando ideas a nadie). Ser lleno del Espíritu tampoco distingue reputación, clase social ni cursos teológicos, solo se necesita sed y consciencia de su Presencia. Será por esto que Jesús utilizó el verbo "beber" para hablar de la llenura del Espíritu.

"En el último y gran día de la fiesta, Jesús se puso en pie y alzó la voz, diciendo: ***Si alguno tiene sed, venga a mí y beba.*** *El que cree en mí, como dice la Escritura, de su interior correrán ríos de agua viva.* ***Esto dijo del Espíritu que habían de recibir los que creyesen en él;*** *pues aún no había venido el Espíritu Santo, porque Jesús no había sido aún glorificado".*

Juan 7:37-39
(énfasis añadido por el autor)

Creo que has entendido el punto. Necesitamos ser llenos del Espíritu. Solo cuando estamos conscientes de su Presencia continuamente, podemos entrar en esta dimensión, comprendemos lo que portamos y podemos entregarlo a otros. Entonces de tu interior correrán ríos que traerán vida a muchos que lo necesitan. Detén la lectura por un momento y bebe del Espíritu Santo.

El poder del testimonio

Una vez que la compasión es desarrollada por percibir las necesidades a nuestro alrededor, y que el poder se manifiesta por la llenura del Espíritu, el testimonio se convierte en una herramienta poderosa para ganar almas. Creo que no hay mayor mensaje que lo que Dios ha hecho en tu propia vida. Muchas de las circunstancias difíciles que atravesamos, Él las redime en vida para otros. Esas áreas que Dios restauró en ti, se convierten en marcas de gracia que manifiestan con autoridad tu experiencia con Dios. La gente necesita conocer las heridas de tu pasado que el Padre sanó. En una batalla, los que más cicatrices tienen, son los más dignos de ser seguidos. Solo imagina que estás en medio de la guerra y tienes que decidir con qué general ir: Por un lado tienes a uno que está todo vestido inmaculado y peinado a la perfección, y por el otro a ese que es una especie de "Rambo" lleno de cicatrices y embarrado. Yo creo que, si tengo que batallar contra el enemigo, este último modelo es el que más confianza me da. Por eso, aquellas circunstancias que Satanás ha utilizado para intentar matarte, pero que Dios por su gracia ha sanado, son las marcas que harán que otros se encuentren con el poder de Dios. Veo un ejército de hombres y mujeres llenos de cicatrices de gracia que rescatan a muchos. Más que discursos teológicos correctos, lo que te hará un ganador de almas es tu testimonio. Tu historia real con Dios tiene más poder que mil argumentos teóricos. Pablo lo describía de esta manera:

"Aquellas circunstancias que Satanás ha utilizado para intentar matarte, pero que Dios por su gracia ha sanado, son las marcas que harán que otros se encuentren con el poder de Dios"

"De aquí en adelante nadie me cause molestias; porque yo traigo en mi cuerpo las marcas del Señor Jesús".

Gálatas 6:17

Las marcas de Cristo en ti, son tu mayor arma de evangelismo. Pablo también decía que llevaba esas historias con Dios a todo lugar, y lo que en algún momento había obrado para muerte en ellas, ahora se transformaba en vida para otros.

"Pero tenemos este tesoro en vasos de barro, para que la excelencia del poder sea de Dios, y no de nosotros, que estamos atribulados en todo, mas no angustiados; en apuros, mas no desesperados; perseguidos, mas no desamparados; derribados, pero no destruidos; llevando en el cuerpo siempre por todas partes la muerte de Jesús, para que también la vida de Jesús se manifieste en nuestros cuerpos. Porque nosotros que vivimos, siempre estamos entregados a muerte por causa de Jesús, para

que también la vida de Jesús se manifieste en nuestra carne mortal. ***De manera que la muerte actúa en nosotros, y en vosotros la vida".***

2 Corintios 4:7-12
(énfasis añadido por el autor)

Muchas cosas difíciles que has pasado y no entiendes, Dios quiere redimirlas en vida para otros. Quizá cometiste errores y ya no puedes cambiar tu pasado, pero sí puedes utilizarlo para alcanzar a los demás. Esa pérdida que tuviste y creías que no podrías soportar, y por la gracia de Dios lo has logrado, es para ayudar al prójimo. Esa tragedia que experimentaste y aprendiste desde el dolor a fortalecerte en el Señor, es para compartir con muchos que lo necesitan. Ese milagro que Dios hizo, esa restauración que produjo o esa oración que respondió, necesita ser vida para otros. Nunca olvides que esas cicatrices de gracia son tu mayor arma. Uno de los propósitos de esas situaciones difíciles que hemos atravesado es hacerte más empático, compasivo y cercano al sufrimiento ajeno.

A medida que sientes el dolor del otro a través de la compasión, y manifiestas el poder de Dios por medio del Espíritu, puedes compartir tu historia para afianzar esa alma en la verdad del amor restaurador del Padre. No solamente tu testimonio se convierte en vida para otros, sino que cuando testificas desde esos lugares de donde el Señor te sacó, cierras el ciclo de sanidad para ti mismo. Imagina que el enemigo quiso lastimarte para detenerte, pero de repente tú utilizas eso para salvación de los demás. Entonces el círculo redentor se completa. Ahora Satanás deberá saber que cada vez que intente herirte, Dios te sanará y terminará siendo un testimonio para el prójimo. Créeme que si haces esto, él pensará dos veces antes de atacarte. Deberá dejarte tranquilo, porque has descubierto el poder de predicar con las marcas de Cristo en tu cuerpo.

La iglesia integral es una compuesta por personas que tienen la compasión de Jesús y que están hambrientas por el Espíritu Santo. Esta combinación en hombres y mujeres llenos de cicatrices de gracia, que ganan vidas para Cristo no desde sus diplomas teológicos sino desde sus historias reales con Dios, son imbatibles en la guerra espiritual venidera. Si logramos multiplicar este diseño, veremos el cumplimiento de muchas promesas y profecías que expresan una gran cosecha de almas antes de la segunda venida de Jesús.

La cosecha de almas venidera

Hay muchas profecías acerca de acontecimientos futuros que registran que la iglesia experimentará manifestaciones del poder de Dios sin precedentes. Estas palabras no son información, sino que son una invitación para nosotros a la expectativa, hambre y predicación del evangelio. Necesitamos contender y pararnos en esta esperanza hasta ver el Espíritu Santo descender. Mientras muchos quieren volver a ser la iglesia primitiva, nosotros tenemos el privilegio de ser la iglesia de los últimos tiempos. Mayores son las promesas de la gloria postrera, que las de la primera. Dios siempre acrecienta y perfecciona su obra. Verdaderamente, lo que viene es mucho mayor.

El profeta Joel dice que antes del día grande y terrible del Señor, el Espíritu Santo será derramado sobre toda carne, y habrá profecías, sueños, multitudes invocando el nombre de Jesús, y más. En el capítulo 2, versículo 23, el profeta revela que este derramamiento sucederá en dos etapas: una lluvia temprana y una tardía. La lluvia temprana es una expresión conocida entre los judíos como la de otoño. Es una precipitación liviana, también identificada como la de las primicias. Produce los primeros frutos en la tierra y la ablanda, para que cuando llegue la tardía (en primavera), que es mucho más pesada, la cosecha no se pierda sino que sea abundante. Es decir que la lluvia temprana prepara la tierra para la tardía.

"Apocalipsis es el libro de los Hechos de la iglesia de los últimos tiempos"

Sin dudas, Pentecostés fue un anticipo. Representó la primera lluvia que dispuso la tierra para la postrera que aún estamos a punto de experimentar. Lo sucedido en los Hechos es la lluvia temprana; y lo que profetiza Apocalipsis, la tardía. Hechos nos prepara para Apocalipsis, ya que sin la lluvia temprana, la tardía no puede alcanzar su fin. Y por otro lado, sin Apocalipsis no se cumple el propósito de los Hechos, ya que todo lo que pasó en el primer siglo es la primicia de lo que sucederá al final de la era. En otras palabras, Apocalipsis es el libro de los Hechos de la iglesia de los últimos tiempos. Allí se nos detalla todo el accionar que la iglesia debe realizar para ver a las personas llegar a Cristo en medio de la mayor guerra espiritual que se desatará. En el capítulo 14 de la profecía final vemos una cosecha de almas impresionante. Justo antes de esta, un ángel es enviado a la tierra a potenciar la gran comisión, para que el evangelio sea esparcido de forma contundente para esa última siega.

"Vi volar por en medio del cielo a otro ángel, que tenía el evangelio eterno para predicarlo a los moradores de la tierra, a toda nación, tribu, lengua y pueblo, diciendo a gran voz: Temed a Dios, y dadle gloria, porque la hora de su juicio ha llegado; y adorad a aquel que hizo el cielo y la tierra, el mar y las fuentes de las aguas".

Apocalipsis 14:6-7

Según Hebreos 1 los ángeles son espíritus ministradores enviados a la tierra en servicio de los santos[71]. O sea que Dios mandará refuerzos a la iglesia de los últimos tiempos que esté contendiendo por la lluvia tardía y quiera anunciar el reino a todas las naciones. Esta predicación final del evangelio eterno, contiene algunas características. *"Temed a Dios y dadle gloria"*, será el llamado a la humanidad a reconocer al Creador y volverse a Él. Entonces, como dijo Joel, muchos invocarán el nombre del Señor antes del día grande y terrible, y serán salvos.

Una segunda característica del mensaje que Dios quiere potenciar en los últimos tiempos es: *"La hora del juicio ha llegado"*. La iglesia integral predicará sobre los eventos venideros de la forma que la Palabra las menciona. Los juicios sirven para condenar a los culpables o exonerar a los inocentes. Algunos le tienen miedo a la palabra "juicio", pero habrá un entendimiento de que estas dinámicas serán usadas por Jesús para promover a los justificados y condenar a los que rechazaron la salvación. Pablo les dice a los romanos que un mismo acto de Dios será visto como bondad para algunos y severidad para otros[72]. Él no condena a nadie sin un juicio previo. Los sucesos por venir revelarán quiénes abrazaron la justicia de la cruz y quiénes la rechazaron. También producirán que lo escondido del corazón humano salga a la luz para ser tratado, y aquellos que se arrepientan obtengan la salvación antes del momento final. Si lo ves desde la perspectiva correcta, los juicios de los últimos tiempos serán una muestra de misericordia de Dios invitando a multitudes a ser parte de la cosecha final y, por otro lado, de justicia para quienes rechazarán su gracia aun teniendo infinidad de posibilidades de aceptarla. Predicar este evangelio de los acontecimientos futuros preparará la tierra para la cosecha de almas profetizada después que este ángel potencie dicho mensaje.

Por último, este evangelio eterno culmina con un anuncio de la restauración final cuando toda la tierra adorará, fruto de sus juicios: "Todas las criaturas adorarán a Aquel que creó todo". También hay que anunciar lo que dice la Biblia que sucederá cuando Cristo regrese: Él establecerá por mil años su reino físico provocando que todas las naciones lo adoren.

"¿Quién no te temerá, oh Señor, y glorificará tu nombre? pues solo tú eres santo; por lo cual ***todas las naciones vendrán y te adorarán, porque tus juicios se han manifestado****".*

Apocalipsis 15:4

(énfasis añadido por el autor)

Muchos predican lo que las personas quieren oír, pero los testigos fieles proclamarán lo que el cielo está diciendo y potenciando. Si comienzas a predicar este evangelio eterno, sentirás el respaldo del reino, ya que Dios está enviando mensajeros para anunciarlo. Joel también habló específicamente de salvación en Israel y Jerusalén en esa temporada final, como también Pablo lo expresó a los romanos en el capítulo 11. Por otro lado, Isaías 19 resume de manera clara las profecías de salvación en el mundo árabe y países musulmanes en los tiempos finales. Si comienzas a conectar muchos de estos pasajes y promesas, comprenderás que un mover masivo de evangelismo con muestras de poder, milagros y señales, se dará en medio de los dolores de parto del fin de la era.

"Muchos predican lo que las personas quieren oír, pero los testigos fieles proclamarán lo que el cielo está diciendo y potenciando"

"Y este evangelio del reino será predicado hasta lo último de la tierra y entonces vendrá el fin".

Mateo 24:14

Apocalipsis 11 nos revela que milagros como los que sucedieron con Elías serán experimentados en la tierra antes de la entrada triunfal de Cristo para gobernar las naciones en el milenio. Prodigios como los del éxodo también serán vistos justo antes de ese momento glorioso. Muchos de los juicios de Apocalipsis son manifestaciones del poder de Dios similares a las plagas de Egipto. En conclusión, el poder que Él desplegó en el tiempo de Moisés, Elías y la iglesia primitiva, será concentrado en la generación de los últimos tiempos. Y déjame darte una buena noticia: Todas las señales están gritando que nosotros somos esa generación.

Cito todos estos textos, porque no estoy tratando de hacerte un llamado emocional a que prediques el evangelio a tiempo y fuera de tiempo, sino que "escrito está", estamos en las vísperas de un mover de evangelización mundial, que desatará una guerra espiritual sin precedentes con el infierno, pero que culminará con el fin de Satanás y todo su ejército. Los campos están blancos, la mies está madura. La lluvia temprana hizo su trabajo, viene la tardía. Por esto, necesitamos clamar al Padre que envíe obreros a la mies.

¡Envía obreros!

Cuando restauramos ambientes y comunidades donde los cinco ministerios fluyen y crecen, la activación y envío de obreros para la misión es orgánica y trascendental. Esto fue lo que sucedió en Antioquía. La suma de la mano del Señor en milagros añadiendo almas, un mover profético en el que todos adoraban, ministraban y percibían a Dios, una comunidad pastoral donde se congregaban y compartían la fe, la Palabra de Dios estableciendo fundamento para la edificación, y la madurez apostólica enfatizando todos estos ministerios de manera coordinada, produjeron que el Espíritu Santo envíe obreros:

"Ministrando éstos al Señor, y ayunando, dijo el Espíritu Santo: ***Apartadme*** *a Bernabé y a Saulo para la obra a que los he llamado".*

Hechos 13:2

(énfasis añadido por el autor)

Al leer todas las profecías y la invitación que recibimos de parte de Dios al movimiento masivo de evangelismo en los últimos tiempos, necesitamos comenzar a orar para que esto suceda en nuestras comunidades. Creo que uno de los aspectos claves para restaurar todas las dinámicas que estamos desarrollando en este libro es el clamor y la intercesión. Veo a Jesús suplicándonos que roguemos por obreros con este diseño integral. Observa sus palabras:

"Recorría Jesús todas las ciudades y aldeas, enseñando en las sinagogas de ellos, y predicando el evangelio del reino, y sanando toda enfermedad y toda dolencia en el pueblo. Y al ver las multitudes, tuvo compasión de ellas; porque estaban desamparadas y dispersas como ovejas que no tienen pastor. Entonces dijo a sus discípulos: A la verdad la mies es mucha, mas los obreros pocos. Rogad, pues, al Señor de la mies, que envíe obreros a su mies".

Mateo 9:35-38

Jesús estaba activando el área evangelística al recorrer ciudades y aldeas predicando el evangelio del reino. Manifestaba el poder de Dios en sanidades y liberaciones. La compasión lo conectaba con la necesidad. ¿Puedes notar todo el ministerio evangelístico en acción en su vida cotidiana? No era un evento anual para Jesús, era su estilo diario. Y así debería ser para nosotros.

Observa en este pasaje de Mateo, lo conectados que están para Jesús los distintos ministerios también. El evangelismo estaba operando, y había conversiones y sanidades, pero notó que faltaban pastores. Ya eran ovejas, pero no tenían quién las guíe en un camino que los haga avanzar hasta la meta. Entonces Él dijo: *"Rueguen al Padre que envíe obreros"*.

La palabra original que se utiliza para "envíe" es *ekballo.* Es un impulso del Espíritu sobrenatural. Significa: *enviar, expulsar con violencia sin derecho de retorno.* Esta palabra aparece en los evangelios cuando Jesús expulsaba demonios y los enviaba fuera de los cuerpos con violencia espiritual. También cuando el Espíritu Santo lo llevó al desierto, la palabra original es *ekballo*[73]. Es un envío con propósito. Y aquí vuelve a aparecer. ¿Qué está diciendo Jesús? Rueguen, clamen, intercedan, para que el Espíritu Santo venga sobre una generación y los impulse sin retorno a la compasión, manifestación de poder, salvación de almas y construcción de la obra de Dios. La mies es mucha y los "verdaderos cristianos" son pocos. Necesitamos un movimiento de oración incesante que confluya en un envío sin precedentes de obreros y evangelistas para la cosecha venidera.

Estoy convencido que la restauración de los cinco ministerios en el Cuerpo de Cristo traerá como consecuencia que miles de almas sean añadidas al reino. Pequeñas congregaciones que vivan estas dinámicas verán grandes avivamientos. En nuestra comunidad de fe lo hemos experimentado por años, y cada vez es más evidente. Nos alineamos al diseño de iglesia integral y vemos a Dios añadiendo personas semana tras semana. Cuanto más procuramos crecer en la dinámica pastoral, bíblica, profética, evangelística y apostólica, más vemos a Dios hacer su obra. Estas áreas preparan la tierra para la lluvia.

A veces oramos para que Dios abra los cielos, pero creo que ya fueron abiertos hace dos mil años en la cruz del Calvario. Sin embargo, mientras nosotros pedimos esto, el cielo está clamando *"preparen la tierra"*. Cuando esté lista, Dios enviará una lluvia imparable que producirá una cosecha de almas inconmensurable. Por eso necesitamos obreros que restauren el diseño. Puedes ser espectador o protagonista. Oro por el *ekballo* del Espíritu Santo sobre tu vida. Percibo que este libro lo está produciendo. Serás enviado sin retorno. Llénate del Espíritu y harás cosas que no estaban en tu agenda. Tu vergüenza será inhibida y Él te guiará. Las profecías que están escritas, no necesitan la aprobación de la ONU. La cosecha de almas mundial sucederá, porque Dios lo dijo y Él nunca miente. Lo que viene es glorioso, y solo está siendo retenido hasta que se vea en la tierra una iglesia integral.

CONSEJOS PRÁCTICOS PARA ACTIVAR LA DINÁMICA EVANGELÍSTICA

• *Identifica personas a tu alrededor que no conozcan a Cristo*, y que necesitan ser alcanzadas por su amor.

• *Ora por ellas.* Busca reconocer sus necesidades físicas, materiales, emocionales o espirituales.

• *Determina acciones de amor y servicio* que puedes realizar por ellas para mostrarles el amor de Jesús.

• *Identifica con tu grupo de la iglesia, áreas de tu ciudad con necesidades*, para hacer tareas evangelísticas.

• *Invita a tu casa a familiares o amigos que no conocen a Cristo*, ora por ellos y comparte tu fe.

• *Reflexiona en tus cicatrices de gracia*, ese testimonio único sobre lo que Dios ha hecho en tu vida, y compártelo regularmente con otros.

• *Ora cada día, de la mañana a la noche, por la llenura del Espíritu Santo* y verás como Él te toma y te impulsa a citas divinas donde quiere manifestar su poder de salvación a otros.

• *Toma decisiones de fe y riesgo*, orando por enfermos y clamando por la manifestación de prodigios y señales.

• *Busca formas creativas de predicar el evangelio.*

- *Decide compartir tu testimonio al menos una vez por semana con alguien.* Luego aumenta la meta hasta que adquieras un hábito de hacerlo diariamente.

- *Ora por el "ekballo" del Espíritu Santo sobre tu iglesia local,* produciendo un envío hacia la cosecha de almas venidera.

Capítulo 7

MINISTERIO APOSTÓLICO

La madurez de Cristo

Capítulo 7

MINISTERIO APOSTÓLICO

La madurez de Cristo

Jesús fue la persona más madura y completa que caminó sobre la tierra. Su integridad e integralidad ministerial eran tan sólidas que no podías encontrar un punto débil en Él. Lograba conectar los cinco ministerios de forma tan fluida y orgánica que los frutos eran contundentes. Todos se impactaban de su carácter como también de su sensibilidad espiritual. Había tanto del área pastoral en su forma de relacionarse con otros, pero a la vez resaltaba su percepción y comunión con el Padre en cada cosa que hacía. El primero y segundo mandamientos se expresaban cotidianamente en sus actos y palabras. Las personas eran atraídas por su compasión y demostraciones sobrenaturales, pero además se conmovían con la sabiduría que expresaba en cada una de sus enseñanzas. La totalidad de lo que hacía contenía el balance perfecto. No disminuía un área para incrementar la otra, sino que las elevaba balanceadamente hasta la plenitud de la voluntad del Padre. Su definición de equilibrio no tenía que ver con mantener cada dinámica espiritual en un punto medio, sino con llevarlas en conjunto al máximo de su potencial. Aunque algunos consideran que para subir algún aspecto hay que bajar otro, para Él, todos subían y ninguno bajaba.

Su madurez era llamativa. Poseía la sabiduría y juicio de un anciano en el cuerpo de un joven en sus treintas. Impartía paternidad aunque nunca fue padre biológico. Cuando hablabas con Él experimentabas la seguridad de estar en casa. Te abrumaba su sabiduría, pero a la vez te conmovía su actitud de servirte y darte valor. Promovía y honraba a todos. Si eras pescador de peces, te hacía pescador de hombres. Si lo tuyo era recaudar impuestos para Roma, te ascendía a administrador de recursos para el cielo. Convertía a una mujer pecadora en adoradora o a una prostituta en predicadora. Como un papá que nunca desiste de sus hijos, jamás se dio por vencido con los suyos. Aun cuando terminó su tiempo en la tierra, se aseguró de que sus discípulos supieran que volvería y no los dejaría huérfanos. Sabía lo que cada uno necesitaba y cómo conducirlos hacia su destino de gloria. Su autoridad se fortalecía lavando pies y cocinando para sus íntimos en la playa. Sabía cuándo exhortar y cuándo animar. Aunque le ponían distintos títulos, al que más le gustaba responder era al de "amigo".

A la hora de edificar el reino de su Padre, sus movimientos eran certeros e intencionales, como los de un arquitecto meticuloso que sigue los planos de una construcción. Se enfocaba tanto en los detalles mínimos y específicos del evangelio como en los globales y trascendentales. Podía fortalecer todo al mismo tiempo. Un perito constructor tiene la responsabilidad de que los obreros de cada rubro en la edificación trabajen juntos, con el propósito final de la obra completa en mente. Cada vez que hacía avanzar algún ministerio lo desarrollaba con el diseño completo en su corazón. Conectaba la necesidad que tenía frente a sus ojos con el plano detallado en las Escrituras y profecías. Enviaba a los suyos a predicar y bautizar, pero también a discipular y, a la vez, a enseñar todo lo que habían aprendido. Los comisionó a anunciar el evangelio hasta lo último de la tierra y, del mismo modo, a las ovejas

"El ejército de Dios no está dividido en llamados egoístas, sino unido en asignaciones interconectadas"

perdidas de la casa de Israel. Enseñó a manifestar el reino hoy y además, a proclamar la plenitud de esta realidad que se establecerá con su segunda venida. Demostró que el ejército de Dios no está dividido en llamados egoístas, sino unido en asignaciones interconectadas.

Era asombroso notar la simpleza con la que podía explicar profundos misterios. Utilizaba parábolas, ejemplos de la vida cotidiana e ilustraciones para que todos puedan comprender los profundos principios del corazón de Dios. Daba alimento sólido a quienes lo seguían para sacarlos de la superficialidad. Era igual de intencional al predicar sobre el perdón y el amor al prójimo, como de la gran tribulación, la abominación desoladora y el Hijo del hombre regresando en las nubes. Era un administrador fiel de los misterios del Padre, y no privó a nadie de ninguno de ellos. Esta interconexión madura y consistente de ministerios, enseñanzas, misterios y asignaciones, es identificada en la Palabra como la columna apostólica. Por esta razón en el libro de Hebreos se nos exhorta a considerar a Jesús como el gran Apóstol[74].

Jesús caminó en la tierra como el modelo integral del diseño de Dios para un ser humano. Logró fusionar todos los aspectos del boceto divino acerca de lo que un discípulo de Cristo debía ser. Y esta gracia apostólica es vital para que la iglesia salga de la superficialidad y obtenga la madurez del Hijo. El deseo de Jesús es enviar arquitectos espirituales a edificar su obra integral en la tierra y conectar las distintas asignaciones del Cuerpo de Cristo. Así como el Padre lo envió con esta unción apostólica, Él quiere hacerlo con los suyos. Por esta razón, en el diseño de la iglesia, Jesús estableció a unos referentes del área para que todos sean perfeccionados en esta gracia.

"Y Él mismo constituyó a unos APÓSTOLES..."

Efesios 4:11

La madurez de Cristo

Hemos llegado a la última dinámica de este diseño de cinco columnas vitales para que Cristo sea formado en nuestras vidas, familias y comunidades. El corazón, la mente, los ojos, los oídos, las manos y los pies de Jesús, son desarrollados cuando avanzamos en los ministerios estudiados anteriormente. Sin embargo, el que conecta todas estas áreas para que puedan funcionar coordinadamente es el apostólico. Esta dinámica otorga a los santos la madurez de Cristo. Dios estableció a unos apóstoles para poder llevar a todos hacia la plenitud. Una iglesia apostólica no es una en la que solamente se reconoce a alguien como apóstol, sino una en la que todos sus miembros pueden comprender en plenitud el modelo integral e interconectado de ministerios y multiplicarlo en distintos ámbitos.

Dios quiere sacar a la iglesia de la superficialidad y, como hablamos en el primer capítulo, producir un avivamiento de profundidad. Para que esto suceda es imprescindible que el aspecto apostólico sea activado en el Cuerpo de Cristo. La razón por la que Jesús estableció a unos apóstoles es para que todos podamos ser perfeccionados en esta dinámica. Este ministerio es el encargado de relacionar y coordinar todos los otros mencionados anteriormente de forma que operen en plenitud. También tiene el objetivo de conectarnos con el plan global de Dios y revelarnos los misterios profundos que como cristianos fuimos llamados a administrar. No podemos ser como Cristo si no definimos y desarrollamos correcta y bíblicamente el área apostólica. Recuerda que la meta final por la que Dios estableció estos ministerios es que en cierto nivel sean formados en todos. ¿Cuál es la función y el propósito del ministerio apostólico? ¿Cómo vivir esta dinámica en la vida cotidiana? ¿Cómo ser una iglesia apostólica? Encontraremos las respuestas bíblicas para estos interrogantes en las siguientes páginas.

Sin embargo, quisiera que comiences reconociendo que necesitas la madurez de Cristo. El Padre quiere llevar a la iglesia a otra clase de conversación.

Dejando la inmadurez espiritual

El apóstol Pablo continuamente se enfocó en exhortar a las iglesias (no solo a los líderes o pastores) a dejar la inmadurez. Si no crecemos en esta área, estaremos vulnerables ante la guerra espiritual venidera descrita en la Biblia para la generación que preceda la venida de Cristo. Es por esta razón que hay una invitación del Padre a un crecimiento espiritual personal y comunitario. Dios quiere nivelar hacia arriba a su iglesia de forma global en los últimos tiempos, produciendo un incremento espiritual sin precedentes. Hay sabiduría, revelaciones, tesoros, dimensiones de poder y gracia, que Dios solo puede darnos si alcanzamos la madurez.

"Sin embargo, hablamos sabiduría entre los que han ***alcanzado madurez****; y sabiduría, no de este siglo, ni de los príncipes de este siglo, que perecen".*

1 Corintios 2:6

(énfasis añadido por el autor)

"Pero el alimento sólido es para los que han ***alcanzado madurez****..."*

Hebreos 5:14a

(énfasis añadido por el autor)

La inmadurez nos hace redundar en conversaciones, oraciones y deseos que están muy por debajo de lo que el Padre quiere darnos. Nosotros sabemos lo que queremos, Dios sabe lo que necesitamos. Él no puede hablar sabiduría y darnos alimento sólido si no maduramos.

Y para tener una fe robusta en un siglo malo y perverso, necesitamos esta clase de comida espiritual. Mientras muchos cristianos van cada semana a sus reuniones a pedir migajas, bienes materiales y bendiciones temporales, Dios quiere levantar un ejército que sacuda el infierno, haga avanzar su plan y reciba su herencia eterna. Muchos anhelan escuchar mensajes que produzcan satisfacción a sus deseos de auto realización y les otorguen herramientas para alcanzar sus sueños personales. Pero alimentar ambiciones humanas separadas del plan divino, hace que las personas se vuelvan sus propios dioses. La comida chatarra espiritual no se compara con el alimento sólido y apostólico, que da nutrientes a nuestra fe para poder cumplir la voluntad del Padre. Los niños piden juguetes y entretenimiento; los soldados, armas y entrenamiento. ¿Y tú que estás pidiendo?

"Nosotros sabemos lo que queremos, Dios sabe lo que necesitamos"

"Cuando yo era niño, hablaba como niño, pensaba como niño, juzgaba como niño; más cuando ya fui hombre, dejé lo que era de niño".

1 Corintios 13:11

El problema de la inmadurez es que nos hace vulnerables al sistema y al pecado, como ya vimos en el capítulo de la dinámica profética. Cuando estos cinco ministerios no están operando coordinadamente como características de Cristo que todos debemos desarrollar, las consecuencias son trágicas. Hablar, pensar y juzgar como niños, hacen a la iglesia profundamente débil ante el caos actual y venidero.

Aquellos que fuimos llamados a predicar y enseñar la Palabra, debemos preguntarnos si estamos ministrando lo que las personas quieren escuchar o lo que necesitan oír. ¿Les estamos dando alimento que les otorgue nutrientes para tener una fe sólida o pláticas de niños? ¿Estamos enseñándoles cómo crecer en estas cinco áreas o solo nos enfocamos en las más fáciles de entender? ¿Estamos formando cristianos maduros o niños débiles? A veces nos excusamos en que la gente no está lista para escuchar en un sermón temas profundos y reveladores. Pero, como dice el dicho de nutrición: *somos lo que comemos.* Dime qué alimento espiritual les das a tus discípulos y te diré qué clase de cristianos serán en los próximos años. Todo el Nuevo Testamento, que fue escrito a las iglesias del primer siglo, está lleno de misterios y verdades profundas que produjeron comunidades de fe fuertes y efectivas. Nuestros niños, adolescentes, jóvenes, familias y ancianos, necesitan ser perfeccionados en el diseño de Dios, porque el día de Jesucristo se está acercando. En el mismo párrafo en el que Pablo nos revela el modelo de iglesia estudiado en este libro, también nos muestra cómo desarrollar y coordinar estas cinco áreas nos libra de la inmadurez espiritual.

"Dime qué alimento espiritual les das a tus discípulos y te diré qué clase de cristianos serán en los próximos años"

"Para que ya no seamos niños fluctuantes, llevados por doquiera de todo viento de doctrina, por estratagema de hombres que para engañar emplean con astucia las artimañas del error".

Efesios 4:14

El apóstol Pablo representó de manera sublime el rol del ministerio apostólico, llamando una y otra vez a las iglesias a dejar la inmadurez.

"De manera que yo, hermanos, no pude hablaros como a espirituales, sino como a carnales, como a niños en Cristo. Os di a beber leche, y no vianda; porque aún no erais capaces, ni sois capaces todavía, porque aún sois carnales; pues habiendo entre vosotros celos, contiendas y disensiones, ¿no sois carnales, y andáis como hombres?"

1 Corintios 3:1-3

"Porque debiendo ser ya maestros, después de tanto tiempo, tenéis necesidad de que se os vuelva a enseñar cuáles son los primeros rudimentos de las palabras de Dios; y habéis llegado a ser tales que tenéis necesidad de leche, y no de alimento sólido".

Hebreos 5:12

Recuerda que la Palabra dice que en los últimos tiempos habrá multiplicación de falsos apóstoles, maestros y profetas. El engaño y la confusión global encontrarán espacio en corazones inmaduros, y esto conducirá a la gran apostasía que está profetizada en la Palabra para los tiempos finales[75]. Los niños pueden ser engañados fácilmente, pero los hombres no. Entonces, es allí donde el ministerio apostólico, que es el encargado de producir la madurez de Cristo en la iglesia, cobra un valor inmensurable.

Características del ministerio apostólico según la Biblia

"Y a unos puso Dios en la iglesia, ***primeramente apóstoles****, luego profetas, lo tercero maestros, luego los que hacen milagros, después los que sanan, los que ayudan, los que administran, los que tienen don de lenguas".*

1 Corintios 12:28

(énfasis añadido por el autor)

Aquí llegamos a entender por qué la Biblia enfatiza la relevancia de esta área apostólica por encima de las otras. No porque haya un ministerio más importante que el otro, ya que todos forjan la plenitud de Cristo en nosotros, sino porque sin madurez y coordinación, es muy difícil comprender en totalidad cada una de las cinco columnas. Muchos han malinterpretado este pasaje creyendo que el ministerio apostólico es una especie de status espiritual mayor a todos, casi angelical, que demanda la adoración y veneración de las personas. Veremos más adelante que la definición de Pablo es que un apóstol es el servidor de todos. Sin embargo, podemos notar que la dinámica apostólica produce una madurez en el Cuerpo que habilita a las personas a comprender todo el diseño. Por esto lo enfatiza primeramente. Mientras clamamos para que Dios restaure este aspecto de Cristo en nuestras vidas, profundicemos en lo que significa.

La mejor manera de entender en qué consiste el ministerio apostólico, es buscar su definición en la Palabra. En la primera carta a los corintios, Pablo se explaya sobre el asunto. Los capítulos 3 y 4 de esta epístola, abarcan distintas explicaciones, ejemplos e ilustraciones, de cómo opera esta columna en el diseño de una iglesia integral. Pablo comienza en 1 Corintios 3, exhortando a los creyentes a dejar la inmadurez, carnalidad, superficialidad y mentalidad de niños. Pone el ejemplo de sí mismo y Bernabé como apóstoles, que son colaboradores de Dios y servidores de Cristo. Utiliza la primera ilustración para ejemplificar su función apostólica que es la de *"perito arquitecto"*. Luego, el siguiente capítulo está titulado en nuestras Biblias como: *El ministerio de los apóstoles*. Allí encontramos la forma más explícita para entender en qué consiste esta dinámica que Jesús estableció en la iglesia para que alcancemos la medida de la estatura del Varón perfecto. De este capítulo extraemos dos ilustraciones más: la de un *"administrador fiel de los misterios de Dios"*, y por otro lado la de un *"padre espiritual"* que busca la unidad y madurez de sus hijos.

Al meditar sobre estas tres imágenes, un arquitecto, un administrador y un padre, podemos comprender en profundidad la esencia del ministerio apostólico. Vamos a descubrir que los principios que obtenemos de estas ilustraciones aplican a todos los hijos de Dios en cierto nivel y son determinantes para que Cristo sea formado en nosotros.

Peritos arquitectos

"Conforme a la gracia de Dios que me ha sido dada, yo como ***perito arquitecto*** *puse el fundamento, y otro edifica encima; pero cada uno mire cómo sobreedifica".*

1 Corintios 3:10

(énfasis añadido por el autor)

El ministerio apostólico se relaciona con ver a la iglesia, el reino de Dios y los ministerios con una mente de arquitecto. Este líder constructor es el responsable de que toda la obra se realice de forma coordinada. Su mayor virtud es conectar todos los rubros. Un arquitecto busca la combinación balanceada de todas las áreas de una construcción, para que la obra sea integral y no tenga puntos débiles. Por ejemplo, imagina que estamos construyendo una casa. Hay distintos tipos de trabajadores en la edificación. Por un lado tenemos a los albañiles, por otro a los electricistas, plomeros, gasistas, pintores, etc. Cada uno se enfoca en la tarea que le toca desarrollar. Pero, ¿quién es el que conecta, unifica y coordina todas las áreas para que la obra se realice de forma integral? El arquitecto.

Recuerdo cuando estaban construyendo nuestra casa, tuvimos un conflicto entre el electricista y el gasista. Cada uno estaba enfocado en que su área de trabajo sea realizada sin importarle la labor del otro. El electricista estaba haciendo un tendido de cables por el parque, y al cavar los pozos perforó un tubo de gas que había sido colocado allí. Cuando el gasista percibió el problema, comenzó a recriminar al electricista por lo que había hecho. Este último le respondió que su responsabilidad era poner la luz y que lo demás no era problema suyo. Entonces tuvo que intervenir el arquitecto para solucionar la situación. Este les explicó que mientras ellos estaban peleando por sus tareas individuales, su responsabilidad era que la casa sea edificada de manera integral. Y si no aprendían a trabajar en equipo, por más que cada uno haga su trabajo, la obra no se podría terminar.

¿Puedes comprender el principio? Cuando no hay ministerio apostólico, cada uno se enfoca en su área sin conectarse con las otras. La división y pleitos entre evangelistas y profetas, o la competencia entre la Palabra y la adoración, son síntomas de falta de madurez apostólica. De hecho toda forma de división en la iglesia expone la debilidad de esta dinámica. He escuchado por años a ministros que según su asignación dicen que su ministerio es el más importante en el reino. Los profetas te dirán que lo primordial debe ser la adoración y la intercesión, los evangelistas enfatizarán que ganar almas es el mayor llamado de la iglesia, los pastores explicarán que el discipulado es lo principal porque si no lo demás no cumple su propósito, y los maestros exclamarán que desde su perspectiva lo más relevante es guardar la sana doctrina. Imagina una obra en la que el plomero dice que lo más importante de la construcción son los baños, el electricista dice que es la luz, el gasista el gas y el albañil las paredes. Desde la visión de cada uno, su rubro es el más necesario pero, sin dudas, desde la perspectiva del dueño de la obra, todos son determinantes para que la edificación cumpla su propósito de forma integral. Entonces son los arquitectos los encargados de conectar y equilibrar todas las áreas, porque ellos tienen la responsabilidad de ver la obra funcionando en plenitud. Es evidente que tienen que tener una perspectiva mayor a los otros para lograrlo. En el reino sucede lo mismo. Es la madurez apostólica la que busca la conexión y coordinación de todos los ministerios, dones y operaciones para que la obra sea edificada y funcione según los deseos del Dueño. No podemos desarrollar una iglesia integral sin la dinámica apostólica.

"Cuando no hay ministerio apostólico, cada uno se enfoca en su área sin conectarse con las otras"

Aun aquellos que enfatizan este ministerio por encima de los otros, también debilitan la obra. Imagina que los arquitectos dicen que lo único importante son ellos mismos y solo se enfocan en los que tienen esa misma profesión. Claramente, su trabajo será débil en muchos rubros. Entonces podemos llegar a la conclusión que todo ministerio apostólico que sobre enfatiza lo apostólico, deja de ser apostólico en esencia. Parece un trabalenguas, pero si analizas lo que he escrito con detenimiento verás el sentido que tiene. El fin de este ministerio es traer honra y unidad a todos los miembros del Cuerpo.

Hemos dicho anteriormente que si una de estas áreas no está presente, una parte de Cristo está ausente. ¿Puedes notar el propósito de la dinámica apostólica en esa frase? Esta busca conectar, unir, coordinar y fortalecer el diseño completo.

Por esto, si aplicamos la gracia apostólica a niveles básicos y cotidianos de nuestra vida, obtendremos esa capacidad que tenía Jesús para relacionarse con todos, para ser integral en sus movimientos y sólido en sus edificaciones. El ministerio apostólico les da a los cristianos una madurez que los hace efectivos en todas las áreas. La integralidad de nuestras vidas está determinada por esta dinámica. Poder tener familias plenas que sean sensibles a la Presencia del Señor, a la vez sabias bíblicamente, llenas de compasión, y con santidad y carácter sólido, es un fruto de personas que tienen madurez apostólica. Por esto Jesús estableció esta área en la iglesia. Es tiempo de conectar y buscar integralidad en todo. No podemos ser como Cristo si carecemos de esta habilidad. Clamamos para que Dios levante un ejército de discípulos con mentalidad de peritos arquitectos. Estos buscarán la unidad y reconciliación entre las diferentes asignaciones, llamados y visiones. Una iglesia apostólica es una iglesia unida. Es una en la que se honra la multiforme gracia que el Padre le dio a cada uno. Es una en la que todos trabajan coordinadamente según sus dones y hacen que la obra funcione de acuerdo a los deseos de su Dueño.

Esta es la razón por la que aquellos que tienen el oficio de apóstol son los enviados a plantar nuevas obras. Así como solamente un arquitecto tiene la capacidad de construir una casa, ya que comprende los planos en su totalidad y posee la aptitud y liderazgo para hacerlo, los apóstoles son los comisionados por Dios para construir modelos integrales. La efectividad de un líder es determinada por su madurez y visión del proyecto completo. Los apóstoles de Jesús fueron entrenados en el balance perfecto de todas las áreas, por eso pudieron multiplicar su diseño con tanta fidelidad. Sin embargo, esta es un área que no solo comprende a los de oficio apostólico, sino que en cierto nivel incluye a todos los cristianos. La madurez apostólica es una característica de Cristo que todos debemos buscar desarrollar y aplicar en nuestras dinámicas cotidianas si queremos ser como Él. Oro para que Dios amplifique tu visión, te guíe hacia la madurez y puedas empezar a conectar todo y con todos. Entonces estarás creciendo a la medida de la estatura del Varón perfecto.

Administradores fieles de los misterios de Dios

"Así, pues, ténganos los hombres por servidores de Cristo, y administradores de los misterios de Dios. Ahora bien, se requiere de los administradores, que cada uno sea hallado fiel".

1 Corintios 4:1-2

(énfasis añadido por el autor)

Como mencioné anteriormente, el capítulo 4 de la primera carta a los corintos lleva el título: *El ministerio de los apóstoles*. Cuán importante es destacar que la primera característica que Pablo menciona de estos referentes que Dios levanta es la de servidores de Cristo. El propósito de cada ministerio es perfeccionar a los santos para la edificación de la obra, para que todos lleguen a la plenitud de Jesús. El fin de esta dinámica no es nombrar apóstoles, sino dar gracia a algunos para que a través del servicio todos puedan recibir la madurez del Hijo. Mientras muchos discuten sobre si es correcto o no el título de apóstoles en la actualidad, estamos perdiendo el foco de Dios al establecer esta columna, que es formar discípulos con la integralidad de Jesús, capaces de conectar todos los ministerios y áreas dentro de la iglesia a través de un espíritu de honra y unidad.

La segunda ilustración que describe de forma maravillosa la esencia de esta dinámica es la de administradores fieles de misterios. Administrar significa gerenciar, planificar, ordenar y multiplicar lo que nos ha sido dado. La palabra ministrar implica dar a otros. El ministerio apostólico tiene que ver con la habilidad que Dios nos da para poder conocer las profundidades del reino y compartirlas con los demás. Es un llamado a una compresión madura y una distribución generosa de las verdades transformadoras del evangelio.

Dios puede compartir sabiduría y dar alimento sólido a los que han alcanzado madurez. En el Nuevo Testamento hay varios asuntos identificados como misterios espirituales. Son temas que no pueden ser entendidos desde una espiritualidad superficial. Cuando la iglesia entra en niveles de profundidad comienza a tener hambre de misterios. No solo tenemos la responsabilidad de conocer estos principios sino que, además, Dios nos hizo administradores de los mismos, a todos sus hijos.

> *"El respondiendo, les dijo: Porque a vosotros os es dado saber los* ***misterios del reino*** *de los cielos; mas a ellos no les es dado".*
>
> **Mateo 13:11**
>
> (énfasis añadido por el autor)

Los misterios del reino son cuestiones que conectan a los cristianos con los planes globales de Dios, y se vuelven vitales para alcanzar la plenitud de Cristo. Pero, ¿de qué temas estamos hablando? En el Nuevo Testamento son mencionados como misterios los siguientes asuntos: *La restauración del pueblo de Israel*[76], *el arrebatamiento*[77], *la restauración de todas las cosas en el milenio*[78], *el evangelio a los gentiles*[79], *la iglesia como Esposa*[80], *el anticristo*[81] y *Dios manifestado en carne*[82], entre otros. Estos son los temas que explícitamente la Biblia llama misterios. Si anhelas crecer en la dinámica apostólica debes comenzar a profundizar, estudiar y hablar de ellos.

Si lees cada una de estas citas (te animo a que tomes un tiempo para hacerlo), verás que Dios enfáticamente exhorta a la iglesia porque no puede ignorar estos asuntos y debe administrarlos fielmente. En la era del cristianismo superficial, muchos de estos temas ni siquiera se hablan en nuestros cultos. En algunos casos son los más polémicos y producen malos entendidos ya que, como he mencionado, se necesita madurez para comprenderlos. Este es otro síntoma de la falta de la dinámica apostólica en nuestras comunidades. Mientras Pablo resaltaba que la iglesia no podía desconocer estos tópicos y que este alimento era vital para nutrir la fe de los santos, hoy los hemos reemplazado por mensajes superficiales enfocados en las necesidades temporales de las personas. Necesitamos volver a meternos en estas conversaciones con Dios. Precisamos volver a enseñar, cantar y anunciar estos asuntos. Esta es una de las características de una iglesia apostólica.

Así como la imagen del perito arquitecto nos conecta con el diseño integral de la obra, la de administradores fieles lo hace con el plan global del reino. En la Biblia encontramos a Pablo escribiendo sobre estos asuntos a todas las iglesias. Los creyentes necesitan ser nutridos en estas áreas. La congregación a la que Pablo más le habló sobre estos misterios fue a la de Tesalónica. Muchos llaman a esas dos cartas, "las epístolas escatológicas". Al estudiar cuánto tiempo Pablo había estado con esa comunidad de fe, encontramos que fueron solo tres días de reposo[83]. Luego, en sus escritos refirió varias veces que lo que les estaba detallando lo había hablado ya con ellos cuando había estado allí. Es decir que Pablo consideraba que una iglesia de tres semanas ya debía escuchar asuntos como el regreso de Cristo, el arrebatamiento, el anticristo y el reino del milenio. ¿Puedes notar que a veces nos excusamos en que la gente nueva necesita otra clase de mensaje, cuando en la Palabra vemos otro patrón? Los misterios de Dios son un alimento que transforma el interior de quienes lo ingieren. Pero necesitamos discípulos que sean administradores fieles de estos principios.

"Los misterios de Dios son un alimento que transforma el interior de quienes lo ingieren"

La iglesia integral es una que se conecta con las profundidades del corazón de Dios y con su plan global para todas las naciones. Los misterios son tesoros que el Padre dejó escondidos para los hambrientos. Él está levantando una iglesia madura y dispuesta a ir a buscar el oro espiritual a las profundidades para darlo a otros. El oficio apostólico es el encargado de administrar estas riquezas, pero hay un nivel en el que todos podemos vivir profundizando en Dios y multiplicando estos bienes espirituales. Esto solo puede lograrse cuando anhelamos la madurez de Cristo. Este diseño de cristiano hace temblar el infierno y desatar el cielo. Necesitamos alinearnos al modelo original y veremos lo que discípulos a la imagen de Jesús pueden lograr.

Padres y madres espirituales

"Porque aunque tengáis diez mil ayos en Cristo, no tendréis muchos ***padres****; pues en Jesús yo os engendré por medio del evangelio".*

1 Corintios 4:15

(énfasis añadido por el autor)

No puedes ser como Cristo si no coordinas todos los ministerios y operaciones como un arquitecto. Tampoco si no profundizas en lo que la Biblia llama misterios y te involucras con el plan global de Dios como un administrador fiel. La tercera ilustración que utiliza Pablo en este capítulo para ayudarnos a comprender el ministerio apostólico es la de padres espirituales. Este aspecto habla de aprender a conectar generaciones y ver la comunidad de fe como una familia.

La madurez apostólica te lleva a sacar los ojos de ti mismo y comenzar a ver a otros como hijos e hijas. Una de las mayores expresiones de la imagen de Dios en nosotros es la paternidad y maternidad. Él creó al ser humano a su imagen[84] y esto incluye uno de sus mayores atributos, que es la habilidad de crear a otros seres humanos. Por esto vemos que Adán concibió hijos conforme a su semejanza[85]. El diseño de ser padres está en nuestra naturaleza, pero también en nuestro espíritu. No hace falta ser papá o mamá biológicos para ver a otros como hijos. Lo que necesitamos para esto es ser como Jesús. El Señor nunca fue padre natural, sin embargo Isaías profetiza de Él que sería un Padre eterno[86]. A sus discípulos les dijo que no los dejaría huérfanos[87].

Pablo les dice a los corintios que él los engendró por medio del evangelio, y a los gálatas los llama "hijitos míos". Juan refiere en sus cartas reiteradas veces a sus discípulos como "hijitos". Vernos unos a otros como familia es parte del diseño apostólico de la iglesia integral. El deseo del Padre siempre fue tener una familia, y para esto Jesús estableció a unos apóstoles, para inspirarnos a todos a amarnos y servirnos honrando su anhelo.

Jamás creí que podría amar y cuidar a otros de forma tan extrema hasta que Dios me hizo padre natural. Al ver a mis hijas, tengo el sentir que daría mi vida por ellas y que las amo mucho más de lo que me amo a mí mismo. La única manera de honrar el segundo mandamiento y amar al prójimo como a nosotros mismos, es que comencemos a ver a los otros desde esta perspectiva. Jesús veía así a las personas, lo mismo hacían Pablo y Juan. Y tú, ¿cómo estás viendo a quienes te rodean?

Aquellos a quienes Dios dio el oficio apostólico se convierten en padres espirituales de otros líderes, pastores, evangelistas, maestros y profetas. Tener una perspectiva de arquitectos con respecto a la obra, y de madurez en los misterios divinos, sumado a un corazón de paternidad, produce un efecto poderoso en las personas y en la obra de Dios en muchos lugares. Este es un ministerio imprescindible para que el reino avance en los últimos tiempos. Sin embargo, esta gracia no es solo para los apóstoles que el Padre estableció, sino que el mismo modelo se replica en niveles más básicos en todos los cristianos. Una visión coordinada de las distintas características de Jesús, sumada a una madurez para entender las profundidades de Dios y un corazón de papá o mamá espiritual, pueden ser aplicados en distintas dinámicas de la vida cotidiana para ver avanzar el reino. Aquellas personas que desarrollan la columna apostólica crecen en autoridad para con otros. Sin embargo, esa gracia debe ser usada correctamente, no para exigir de otros, y menos para abusar y manipular. Cuanto más alto estás a los ojos de Dios, más bajo te debes volver ante las personas.

"Cuanto más alto estás a los ojos de Dios, más bajo te debes volver ante las personas"

Un padre es proveedor, servidor de sus hijos y los ama incondicionalmente. La verdadera gracia apostólica nos hace más cercanos a quienes nos rodean, no nos sube a un pedestal inalcanzable por encima de otros. Es el ministerio apostólico el que nos inspira a desarrollar la madurez de darnos generosamente por el prójimo. Nos capacita para amarlos y servirlos. Jesús es el mayor ejemplo de apóstol, y lo modeló siendo un padre amoroso, cercano y misericordioso. Dios está restaurando este aspecto en la iglesia gloriosa de los últimos tiempos. Esta madurez sanará relaciones y establecerá lazos vitales para todo lo que viene.

La gran comisión, Israel y los últimos tiempos

Permíteme repasar lo que vimos hasta aquí. La madurez espiritual y apostólica se relaciona con ver a los cristianos como:

- *Arquitectos que conectan áreas y personas*
- *Administradores de misterios que enseñan profundidades espirituales*
- *Padres y madres que se entregan por sus generaciones*

Todas estas dinámicas nos conectan con el plan global de Dios. La gran comisión no puede avanzar con efectividad sin visión apostólica. No alcanza con ir solamente a otros lugares a extender el reino, sino que hay que multiplicarlo fielmente. La falta de madurez espiritual produce debilidad en el diseño que tenemos que replicar. No crecer en estas áreas es como querer construir un edificio sin planos. Nuestras buenas intenciones no son suficientes para que el plan de Dios avance. Necesitamos profundizar en los cálculos exactos que el Ingeniero de esta edificación nos dejó.

Imagina que tenemos que ir a una guerra, y hemos jurado lealtad al general del ejército. Estamos apasionados por seguirlo y somos capaces de obedecer cada una de sus instrucciones. Sin embargo, no pasamos tiempo estudiando los mapas que nos dejó ni la estrategia completa de la misión. Nuestra devoción a este general no alcanza, necesitamos profundizar en el plan. Esto es exactamente lo que brinda el ministerio apostólico al Cuerpo de Cristo, madurez en la comprensión de las dinámicas del ejército y entendimiento de la misión.

Muchos de los misterios de los que hablaron los primeros apóstoles para perfeccionar a los creyentes en el Nuevo Testamento, tienen que ver con la gran comisión en las naciones, el evangelio a los judíos y las dinámicas de los últimos tiempos. Estos son los planos, mapas e instrucciones que hacen a la iglesia efectiva en la multiplicación del reino. Podemos resumir que alinearnos al ministerio apostólico para crecer en la madurez de Cristo, es profundizar en "el plan de Dios para las naciones, para Israel y los acontecimientos de los postreros días". Estos temas sacarán a los cristianos de la religiosidad superficial y los sumarán a las filas del ejército de Dios para avanzar en todo lo que viene. A veces creemos que si nos enfocamos en estas cosas, debilitamos la vida cotidiana de la iglesia y sus necesidades más urgentes y próximas. Por el contrario, la madurez que se produce en los creyentes al comprender estos planes globales, los hace mucho más efectivos en los locales. Recuerda que fue Jesús quién estableció este ministerio apostólico para que todos puedan alcanzar la plenitud. Si deseas crecer en la comprensión de estas tres áreas, te animo a leer mi libro *Las pasiones del corazón de Dios.* Allí desarrollo ampliamente estos temas.

Aceptando el plan global de Dios

Una cosa es aceptar a Cristo como el dueño de nuestras vidas, y otra es acordar con su plan global de acción y convertirnos en protagonistas de este. Muchos creen que el evangelio termina cuando le entregamos nuestra vida a Jesús, pero Dios quiere que también nos involucremos con su plan. Ese es el modelo de cristianismo que vemos en la iglesia primitiva. Necesitamos abrazar su misión y comprometernos con esta en plenitud. Jesús dejó bien en claro este asunto en el instante que nombró la palabra *iglesia.* ¿Recuerdas la introducción de este libro? Narré cómo fue el momento en que por primera vez, el Señor mencionó esta idea gloriosa en el lugar más oscuro. Sí, ahí en Cesarea de Filipo, Él llevó a sus discípulos para hablarles del diseño sagrado.

¿Cómo introdujo la conversación para llevarlos a ese hito profético trascendental de anunciar que edificaría su iglesia? Miró a los ojos a sus discípulos y les preguntó *¿Quién dicen que soy?* Cada uno empezó a responder según lo que creía o había escuchado de otros. Sin embargo, Pedro, que había estado en intimidad con el Padre hablando sobre Jesús, dijo:

*"...**Tú eres el Cristo**, el Hijo del Dios viviente".*

Mateo 16:16b

(énfasis añadido por el autor)

Esta contundente respuesta conmovió a Jesús. Reconoció que esto no se lo había comunicado ningún hombre, sino que el mismo Dios había dado revelación al espíritu de este humilde pescador. Era mucho más que la respuesta correcta, era una declaración de lealtad, entendimiento de a quién tenía delante y compromiso con las profecías mesiánicas. Era un hombre reconociendo en Jesús al salvador, redentor y Señor de su vida. Imagino su sonrisa al escucharlo. Entonces exclamó:

"Entonces le respondió Jesús: Bienaventurado eres, Simón, hijo de Jonás, porque no te lo reveló carne ni sangre, sino mi Padre que está en los cielos. Y yo también te digo, que tú eres Pedro, y sobre esta roca edificaré mi iglesia; y las puertas del Hades no prevalecerán contra ella. Y a ti te daré las llaves del reino de los cielos; y todo lo que atares en la tierra será atado en los cielos; y todo lo que desatares en la tierra será desatado en los cielos".

Mateo 16:17-19

Jesucristo sentó el precedente de que la iglesia solo puede ser edificada sobre personas que tienen la revelación correcta de quién es Él. Cuando se nos revela Jesús, Él puede construir su obra. La primera respuesta a la declaración de Pedro es darle identidad. *"Tú eres Pedro"*, que quiere decir "roca". Este discípulo era el más emocionalmente inestable de todos. Sin embargo, el Señor está diciendo que toda inconstancia puede ser transformada en solidez cuando desarrollamos un estilo de vida de oír al Padre. Cuando se te caen los velos acerca de quién es Cristo, te haces estable. La intimidad nos hace fuertes, constantes y maduros. Entonces Dios puede edificar su iglesia sobre estas personas. A quienes tienen este entendimiento acerca de Jesús, Él les da identidad, definiendo quiénes son verdaderamente según el cielo. Luego el Señor le da propósito: *"Sobre ti, edificaré mi iglesia"*. El fin de entregarnos a Cristo no es solamente ser librados de la condenación, sino ser consagrados para la edificación del reino. Dios puede construir su voluntad y activar sus planes cuando hay vidas verdaderamente rendidas a Él. Lo tercero que Jesús declara sobre Pedro tiene que ver con poder y victoria. *"Las puertas del infierno no prevalecerán contra la iglesia"*. Una comunidad de fe que tiene la revelación de Jesucristo que da el Padre, es purificada en su identidad celestial, es activada en su propósito y equipada con su poder. El infierno retrocede ante cristianos de este calibre. Dios se compromete a darles victoria en medio de la mayor persecución a quienes viven el evangelio de esta manera. Por último, Jesús le otorga autoridad. *"Y a ti te daré las llaves del reino para atar y desatar"*. Él equipa a su iglesia con armas y herramientas para cumplir la misión. Quien recibió la plena autoridad, corona su diseño brindando esta misma potestad.

Si el episodio de Mateo 16 terminara aquí, ya sería fabuloso. Pero en todo este capítulo Jesús está dando a conocer el diseño completo. Deja claro que el fundamento de la iglesia es la correcta revelación de

Jesucristo, y los discípulos que se involucren radicalmente a seguirlo pueden ser activados en identidad, propósito, poder y autoridad. Pero esta conversación tiene una segunda parte. Antes de abordarla quiero que imagines a Pedro en este momento. Él era conocido entre sus amigos como el impulsivo, aquel a quien siempre el Señor tenía que corregir, y con emociones bastantes inestables. Sin embargo, este es el momento de oro de Pedro. El Señor lo está afirmando delante de todos. Percibo su cara de satisfacción cuando Jesús le dijo: *Bienaventurado eres Pedro.* En mi mente moderna, me lo imagino sacándose una *selfie* con Jesús de fondo y subiendo a *Instagram* la publicación con la frase: *Jesús me acaba de llamar "roca" y dijo que sobre mi entendimiento de Él edificará su iglesia.* Fue su momento de fama. Casi me lo imagino mirando por encima de los hombros a los demás. Y, seamos sinceros, bien merecido lo tiene.

Sin embargo, este momento de gloria para Pedro, se va a esfumar rápidamente. Una vez que Jesús afirma la importancia de saber quién es Él, les va a hablar de su plan. Ya abrazaron la revelación de su persona, ahora quiere llevarlos a comprender y comprometerse con su misión. Para entender este aspecto deberán ser maduros. Es más fácil conocer a Cristo que comprender su plan, pero el Señor necesita llevarlos a este siguiente paso.

"Desde entonces comenzó Jesús a declarar a sus discípulos que le era necesario ir a Jerusalén y padecer mucho de los ancianos, de los principales sacerdotes y de los escribas; y ser muerto, y resucitar al tercer día".

Mateo 16:21

Ahora, que ya sabían quién era Él, quiénes eran ellos, y la autoridad que les había sido dada, estaban listos para una conversación más madura.

El gran Apóstol les daría detalles de sus próximos movimientos, para que ellos puedan entender su rol en los acontecimientos. No serían noticias fáciles de entender, pero Él contaba con que, así como habían acordado con amarlo a Él, lo harían con su plan. Dios sigue buscando personas que acepten a Jesús pero que también acepten su plan. Quiero que notes cómo Pedro no tenía problemas en reconocer a Jesús, pero no le habían sido revelados sus próximos movimientos. Le faltaba la dinámica apostólica. Entonces, en un minuto, pasó de ser una roca de edificación, a una piedra de tropiezo.

"Dios sigue buscando personas que acepten a Jesús pero que también acepten su plan"

"Entonces Pedro, tomándolo aparte, comenzó a reconvenirle, diciendo: Señor, ten compasión de ti; en ninguna manera esto te acontezca. Pero él, volviéndose, dijo a Pedro: ¡Quítate de delante de mí, Satanás!; me eres tropiezo, porque no pones la mira en las cosas de Dios, sino en las de los hombres".

Mateo 16:22-23

Este capítulo en nuestras Biblias empieza afirmando a Pedro por conocer a Jesús, pero termina con su exhortación por desconocer su plan. Con una buena intención, pero sin nada de comprensión apostólica, esta "roca de edificación llamada iglesia" comenzó a oponerse al plan de Dios, porque no era de su agrado. Entonces Jesús lo tuvo que llamar Satanás. Una iglesia que conoce a Jesús pero ignora su plan global, se convierte en un instrumento del enemigo y un obstáculo para los designios de Dios. Este es el riesgo que afrontamos cuando ponemos la mira en las cosas de los hombres y no en la misión del Padre.

"Una iglesia que conoce a Jesús pero ignora su plan global, se convierte en un instrumento del enemigo y un obstáculo para los designios de Dios"

Para los discípulos no fue fácil comprender los siguientes pasos de Jesús, porque en su teología no entraba el padecimiento, tribulación, persecución y martirio. Su visión optimista y humanista del evangelio los estaba corrompiendo de su propósito. Lo mismo sucede hoy ante el plan de Dios para los últimos tiempos detallado en las profecías. La gente descarta de sus Biblias esta parte "amarga del mensaje", rechazan el libro de Apocalipsis y todo método divino que pueda afectar su comodidad religiosa. En la era del evangelio "light", predicaciones de autoayuda y positivismo anti bíblico, nos convertimos en un estorbo para el plan de Dios. La dinámica apostólica produce cristianos maduros que acuerdan con su voluntad, por más difícil que sea comprenderla. Necesitamos decirle que sí a Jesucristo y también a sus movimientos para los tiempos finales. Precisamos abrazar la misión de forma integral y completa, con la parte dulce y amarga del mensaje, sabiendo que terminaremos en resurrección y vida. Jesús sentencia su plan con un llamado a vivir el verdadero evangelio.

"Entonces Jesús dijo a sus discípulos: Si alguno quiere venir en pos de mí, niéguese a sí mismo, y tome su cruz, y sígame. Porque todo el que quiera salvar su vida, la perderá; y todo el que pierda su vida por causa de mí, la hallará. Porque ¿qué aprovechará al hombre, si ganare todo el mundo, y perdiere su alma? ¿O qué recompensa dará el hombre por su alma? Porque el Hijo del Hombre vendrá en la gloria de su Padre con sus ángeles, y entonces pagará a cada uno conforme a sus obras".

Mateo 16:24-27

De esta manera el Señor concluye su impartición sobre el diseño de la iglesia. No hay forma de vivir este aspecto de Cristo si no abrazamos su plan que incluye tomar nuestra cruz. Quizá no todos tengamos que morir físicamente por el evangelio como los discípulos, pero sí debemos hacerlo a nuestra superficialidad, comodidad, autorrealización, vanas glorias y ambiciones temporales que se vuelven un impedimento para su plan. La manera correcta de cumplir la gran comisión es hacerlo desde una perspectiva apostólica. Esta incluye la conexión de los cinco ministerios, entendimiento de sus misterios y una actitud de padres y madres espirituales. Ese es el diseño que hará que Jesús sea reconocido y su plan establecido.

Adiestra mis manos para la batalla y mis dedos para la guerra

El modelo desvirtuado de iglesia ha quitado a Dios del trono y puesto allí a los hombres. Se han armado cultos para que las personas se sientan cómodas y sean instruidas en lograr el éxito. Al poner al hombre como el centro y su propio dios, necesitamos servirlo y mantenerlo cómodo, lejos de la ofensa, para que vuelva a la siguiente semana. Acumulamos personas en nuestros templos, pero no a Cristo en las personas. Hemos dejado de hablar de cómo alcanzar el plan y deseo de Dios en las ciudades y naciones, para enfocarnos en cómo realizar nuestros propios anhelos y sueños. La iglesia que Jesús fundó ofende nuestros planes de éxito humano y temporal. La única manera de restaurar el diseño original, es volver a predicar como nuestro Señor y los apóstoles lo hicieron. No estoy levantando mi dedo en acusación a la iglesia con estas palabras, sino haciendo un llamado al arrepentimiento que debe empezar en cada uno de nuestros corazones.

"La iglesia que Jesús fundó ofende nuestros planes de éxito humano y temporal"

Si no podemos conectar nuestras metas en la vida, con la voluntad global de Dios, no estamos viviendo el verdadero cristianismo. Necesito volver a recordarte que este no tiene que ver con creer en Cristo, sino con que Él sea formado en nosotros de manera integral. Sin darnos cuenta estamos domesticando el evangelio y formando cristianos débiles y vulnerables. No estoy en contra de personas que quieren crecer en todos los aspectos personales y avanzar en la vida, siempre y cuando estemos seguros que todo lo que hacemos glorifica a Jesús (más que a nosotros mismos) y sobre todo colabora con su plan apostólico. El problema es que está a punto de desatarse una guerra espiritual sin precedentes, y aquellos que fueron llamados a la batalla por el Rey y su reino, intentan defender sus propios castillos de ilusiones.

Necesitamos un ejército de discípulos que se desvelen por el plan global de la gran comisión y no por sus propios proyectos personales. El patrón sigue siendo que si buscamos su reino y su justicia, Él añadirá todo lo que necesitamos en nuestras propias vidas. Esa es la cultura del cielo. Mientras nos negamos a nosotros mismos y morimos a nuestros deseos por causa de su plan, el Espíritu de resurrección puede darnos más de lo que podemos pedir, pensar o imaginar.

La iglesia integral ha desarrollado cada día la habilidad de librar batallas personales y cotidianas, pero conectada a la guerra espiritual general que se está desatando en las naciones. Esto resume de manera clara el objetivo del ministerio apostólico, edificar la parte del reino que nos fue asignada con la visión en mente de la obra global que estamos construyendo. David lo expresó de manera magistral en el siguiente salmo.

"Bendito sea Jehová, mi roca, quien adiestra mis manos para la batalla, y mis dedos para la guerra".

Salmo 144:1

El rey conforme al corazón de Dios le pedía al Señor que lo unja y capacite para pelear batallas y guerras a la vez. *"Manos para la batalla"* puede representar la espada, para cuando el enemigo venía cuerpo a cuerpo. Y *"dedos para la guerra"*, podría ser la habilidad de manejar el arco, que lance la flecha con precisión, para tiros de larga distancia. Más allá de esta interpretación personal, la Palabra detalla dos niveles de lucha: batallas y guerras. Una es local; la otra, general. Necesitamos aprender a enfrentar nuestras batallas cotidianas, mientras luchamos la guerra del reino a nivel global.

A veces ponemos la excusa, que hasta que no logremos vencer en las cosas menores no podemos ocuparnos de las mayores. Por ejemplo, decimos: *¿Cómo voy a ir a las naciones, si no he evangelizado a mi familia o mi barrio?* O a veces en nuestro razonamiento creemos que si no logramos la perfecta santidad, *¿cómo vamos a discipular a otros?* También pensamos que no podemos clamar por el plan de Dios con respecto a Israel y los últimos tiempos, si ni siquiera conocemos su voluntad para nuestras vidas. Y la lista de argumentos sería interminable. Pero el diseño apostólico nos ayuda a comprender que mientras peleamos las luchas pequeñas, personales y diarias, podemos también alistarnos para la batalla por el reino de forma global y trascendente. Este fue el diseño que vivieron los apóstoles. Esta es la madurez espiritual de Cristo. De hecho, las batallas personales nos adiestran para ganar luchas generales. Y cuando nos involucramos en la guerra espiritual global por la gran comisión, nos fortalecemos para vencer en los ataques diarios que recibimos en nuestra propia vida. Debemos marchar en ambos frentes de forma coordinada y conectada, y veremos que este es el plan de Dios. Venceremos las tentaciones próximas y haremos avanzar la voluntad del Padre a larga distancia.

La iglesia integral pelea balanceadamente en ambos flancos. No baja un área para hacer subir la otra, sino que las hace subir todas y no baja ninguna. Es madura y va hacia la plenitud como Cristo. Tiene cada vez más revelación de Jesús, pero también abraza su plan. Son un ejército, siguen al Cordero donde quiera que va y viven para ver la misión cumplida. Conectan todos los escuadrones, honran las distintas habilidades y avanzan en unidad. Entienden los planes de Dios en profundidad y administran los misterios que les fueron revelados por gracia. Aman a los demás como familia, sirven y se multiplican en otros. Tenemos todo el diseño y los planos manifestados en la Palabra. Podemos ver la vida de Jesús como un modelo de cómo funcionan estas cinco áreas coordinadas. El Espíritu Santo nos equipa y empodera guiándonos al verdadero evangelio. Solo hace falta una comunidad de discípulos que quieran obedecer su voluntad.

Clamo para que el área apostólica sea restaurada en tu vida, familia y comunidad. Recuerda que cuando Dios quiere perfeccionar a muchos, empieza despertando a algunos. Y tengo una convicción en mi corazón que está comenzando por ti. Deja que Él forme la madurez de Cristo en tu vida. Es tiempo de ver lo que Él está mirando y amar lo que Él está amando. Dile que sí a Jesús y a su plan, y verás como Él te dará autoridad para multiplicarte en otros. Pelea tus batallas diarias mientras libras la guerra global, y Él traerá un nivel de fe y fortaleza que nunca has experimentado. Comprométete con la gran comisión, y comprobarás cómo Él te hará una roca y sobre ti edificará la iglesia integral.

CONSEJOS PRÁCTICOS PARA ACTIVAR LA DINÁMICA APOSTÓLICA

• *Identifica, de los cinco ministerios, tu área más débil y elabora un plan para crecer en esa dinámica.*

• *Califica cada ministerio en tu vida de acuerdo al desarrollo que le has dado, y ora para crecer en los "músculos espirituales débiles".* Ora para que el Espíritu Santo te revele temas con los que no te sientes identificado debido a tus dones y asignación, y busca aprender en esas áreas.

• *Acércate a personas que tengan dones y habilidades espirituales distintas a las tuyas y procura aprender de ellas.* Haz una lista de estos hermanos y ministerios con otras asignaciones y realiza un compromiso de oración semanal por sus vidas.

• *Asiste a eventos y congresos que no tengan que ver con tu ministerio específico pero que te ayuden a adquirir perspectivas distintas del Cuerpo de Cristo.* Comienza a honrar y valorar otros ministerios que son diferentes a tu área de compatibilidad y asignación.

• *Pide perdón si has levantado juicio o crítica sobre personas y ministerios que no piensan como tú.*

• *Determínate crecer en los misterios del Nuevo Testamento y aceptar la invitación de Dios a profundizar en temas en los que te sentías débil.* Te animo a leer la lista con citas bíblicas detallada en este capítulo, de los asuntos que la Biblia llama explícitamente misterios.

• *Desarrolla una perspectiva de paternidad o maternidad espiritual sobre otras personas, para poder servirlos, bendecirlos y amarlos más que a ti mismo.* Todo lo que hace un padre por un hijo lo debes hacer por tu prójimo según el segundo mandamiento.

• *Asegúrate de conectar tu asignación local con el plan de Dios para las naciones e Israel.* Puedes comenzar orando e intercediendo. También te aconsejo leer el libro "*Las pasiones del corazón de Dios*", donde desarrollo en profundidad estos asuntos.

• *Realiza una lista de tus batallas personales y la guerra global que Dios te llamó a librar.* Comprométete a pelear en ambos frentes y pídele a Dios que te adiestre para hacerlo.

Capítulo 8

LA PERFECTA UNIDAD

Capítulo 8

LA PERFECTA UNIDAD

Quiero presentarte la perfecta unidad. La divinidad personificada en tres partes, con roles, funciones y responsabilidades distintas operando en una coordinación tan exacta y sincronizada que parecen uno solo. Este es el misterio de la trinidad. Muy difícil de comprender para la mente humana pero determinante para el diseño divino. El Padre, el Hijo y el Espíritu Santo representan el concepto sublime de unidad que ejemplifica lo que los miembros de la iglesia integral debemos buscar. Déjame describirte esta dinámica.

Cada vez que la Biblia registra que está sucediendo algo trascendente, vemos a la trinidad operando en unidad. En la creación del ser humano, encontramos el énfasis plural en este hecho sustancial: *"hagamos"* al hombre a *"nuestra"* imagen y conforme a *"nuestra"* semejanza. ¿Puedes notar el acuerdo de los tres en medio de la acción? Actuar coordinados es la cultura del reino de los cielos. Nunca vemos a Dios procediendo solo. Siempre buscan la conexión entre los tres, y cuando pueden sumar en sociedad al ser humano lo hacen. Para el nacimiento de Jesús vemos el mismo patrón. El ángel le dijo a María que el Espíritu Santo vendría sobre ella, el poder del Padre la cubriría y el Hijo nacería. Una vez

> ***"Actuar coordinados es la cultura del reino de los cielos"***

más podemos observar a los tres interviniendo asociados. El modelo se replica en el bautismo de Jesús. El Hijo actuando en obediencia, el Padre haciendo oír audiblemente su voz y el Espíritu descendiendo para empoderar su ministerio. Al repasar textos y versículos en la Palabra, sobresale la misma metodología de acción. Es impresionante, la unidad determina la efectividad.

Luego me llama poderosamente la atención la cultura de honra en la trinidad. No solamente operan juntos, sino que se glorifican uno al otro. Nadie busca su propio honor, sino que viven para producirlo en el prójimo. Jesús anuncia a sus discípulos que el propósito del Espíritu Santo sería honrarlo. Resume la obra de esta persona de la trinidad con la siguiente frase: *"Él me glorificará"*. Más adelante, cuando el Maestro está realizando su oración de rendición de cuentas final al Padre dice: *"Yo te he glorificado en la tierra, he acabado la obra que me diste que hiciese"*. ¿Cuál era el propósito de Jesús? Glorificar al Padre. Para esto vivió, murió y resucitó. No podemos experimentar la perfecta unidad que produce abundante efectividad si no aprendemos a honrarnos unos a otros. El idioma de la trinidad es la honra. El enfoque de todo lo que hacen es que el otro sea exaltado, bendecido y celebrado. En la misma oración de Juan 17, Jesús concluye diciendo: *"Padre ahora glorifica a tu Hijo"*. ¿Puedes notar una y otra vez el mismo patrón? La iglesia integral toma este modelo y aprende a operar unida entre los distintos ministerios, y lo que cada uno hace es para honrar, glorificar y potenciar al prójimo.

Otro de los factores que hacen que la trinidad sea el mayor ejemplo de unidad es que se aman entre ellos. Una y otra vez Jesús les dice a sus discípulos: *Como el Padre me ha amado, yo los amo a ustedes.* No solo actúan juntos y se celebran, sino que como una familia, se aman. El amor es el lubricante que hace que los engranajes que conectan las piezas se mantengan en óptimo funcionamiento. Dios crea las galaxias, planetas, estrellas y personas, pero no como una obligación, sino que disfruta junto a su familia con gozo, afecto y honra mutua en lo que hace. Todo lo que Él realiza es por amor, no porque Dios lo tenga, sino porque esa es su esencia y naturaleza. Y esto asegura la estabilidad del universo. Nos modela cómo mantener al ejército unido y hacerlo de forma permanente a través de todas las temporadas. La clave está en este afecto constante entre los miembros de la comunidad. Y ellos tres son la evidencia de que se puede lograr.

Por esto Jesús, en su última oración en la tierra clama para que este modelo sea replicado en la iglesia integral.

"Y ya no estoy en el mundo; más éstos están en el mundo, y yo voy a ti. Padre santo, a los que me has dado, guárdalos en tu nombre, ***para que sean uno, así como nosotros****".*

Juan 17:11*

"Mas no ruego solamente por éstos, sino también por los que han de creer en mí por la palabra de ellos, para que todos ***sean uno; como tú, oh Padre, en mí, y yo en ti****, que también ellos sean uno en nosotros; para que el mundo crea que tú me enviaste. La gloria que me diste, yo les he dado,* ***para que sean uno, así como nosotros somos uno****. Yo en ellos, y tú en mí, para que sean* ***perfectos en unidad****, para que el mundo conozca que tú me enviaste, y que los has amado a ellos como también a mí me has amado".*

Juan 17:20-23*

(*énfasis añadido por el autor)

Así como nosotros

Hemos estudiado en profundidad los cinco ministerios como características de Cristo que cada discípulo debe desarrollar. También explicamos cómo Dios levanta referentes en estas dinámicas para poder perfeccionar a todos. Marcamos la diferencia entre estos ministerios como asignaciones específicas que algunos reciben para entrenar al resto, y por otro lado, como el llamado esencial que todos tenemos que desarrollar con respecto a estas cinco áreas. También planteamos acciones prácticas para poder crecer en cada aspecto de Cristo que las distintas columnas nos brindan. Sin embargo, el secreto para poder caminar en la perfecta voluntad de Dios para los cinco ministerios, no es solo ubicarnos en el área que nos identifica, sino poder desarrollarlas todas de forma coordinada. El Cuerpo de Cristo no está dividido en muchas partes, sino unido por diferentes miembros. ¿Cómo podemos conectar la totalidad de lo que hemos leído en este libro? ¿Cómo ensamblar las distintas gracias, dones y ministerios? ¿Cómo crecer coordinadamente con otros hermanos hacia el diseño de iglesia integral que Dios está perfeccionando?

He escuchado muchas predicaciones y enseñanzas sobre ser uno para que el mundo crea, pero nunca había percibido el énfasis de Jesús en: *"así como nosotros somos uno"*. La trinidad es el modelo de perfecta unidad. Ellos nos muestran el camino para poder unir todas las partes estudiadas en esta obra y alcanzar el diseño divino. Esta naturaleza de Dios en tres personas es un misterio. Recuerda que estos son invitaciones a profundizar ya que no pueden comprenderse con una mente natural y racional. Muchos de estos temas se adquieren con fe. Como he explicado en otro de mis libros[88], la Biblia no tiene contradicciones pero sí tensiones.

"La trinidad es el modelo de perfecta unidad"

Estas son verdades que a primera vista parecen una incoherencia, pero cuando las abordamos con fe y profundidad espiritual, tienen una compatibilidad perfecta. Y la trinidad es una tensión trascendente en la Palabra. ¿Dios es tres o es uno? La respuesta es que es tres y es uno.

"Porque tres son los que dan testimonio en el cielo: el Padre, el Verbo y el Espíritu Santo; y estos tres son uno".

1 Juan 5:7

Aunque nunca, de este lado de la eternidad, podremos comprender en plenitud este misterio, nuestra fe nos hace acceder a principios que son clave para desarrollar el diseño de iglesia que Jesús ideó. La tensión que deberemos mantener es que Dios es uno solo, pero a la vez se expresa en tres personas que tienen distintas funciones, responsabilidades y propósitos. Pablo también abordó este tema manifestando la característica específica de lo que cada uno nos brinda.

"La gracia del Señor Jesucristo, el amor de Dios, y la comunión del Espíritu Santo sean con todos vosotros. Amén".

2 Corintios 13:14

"Y el que nos confirma con vosotros en Cristo, y el que nos ungió, es Dios, el cual también nos ha sellado, y nos ha dado las arras del Espíritu en nuestros corazones".

2 Corintios 1:21-22

El Hijo tiene la función principal de otorgarnos la gracia redentora que nos introduce al reino de los cielos. Es la persona de Dios encargada principalmente de reconciliarnos con Él, librarnos de la condenación expiando nuestros pecados y abriendo un nuevo camino para nuestra transformación. El Padre nos sostiene con su amor y afirma nuestra identidad asegurando nuestro destino con su afecto incondicional por nosotros. El Espíritu Santo es la persona de Dios en nosotros, con quien tenemos comunión constante y quien nos mantiene sellados en la voluntad divina, guiándonos a toda verdad y enseñándonos el camino por dónde conducirnos. Claramente son tres, pero la dinámica de su relación los hace uno. Por esto Jesús planteó que la voluntad del Padre para nosotros es que seamos uno, así como ellos los son.

No alcanza con identificar los cinco ministerios y descubrir cuál es el de nuestra asignación. Tampoco con reconocer quiénes de los que nos rodean tienen dones y llamados específicos en alguna de estas áreas. No lograremos crecer en las características de Cristo por cuenta propia. Necesitamos vincularnos sanamente con otros miembros del Cuerpo a quienes Dios les ha dado distintos dones y multiforme gracia. Necesitamos conectar, reconciliar y reunir el ejército. No podremos ser la iglesia integral perfeccionada por Jesús para los últimos tiempos, si no unimos todas las piezas que nos han sido entregadas en este escrito.

Así como Cristo estableció el diseño de cinco ministerios, también nos reveló el modelo sobre cómo desarrollarlos en perfecta unidad. He pasado mucho tiempo estudiando el patrón de la trinidad en la Palabra como modelo de unidad, y quiero compartirte a continuación varios principios que he aprendido. Si logramos ver en profundidad cómo es la forma de relación entre ellos, obtendremos el camino de transformación para nosotros.

"Si logramos ver en profundidad cómo es la forma de relación entre ellos, obtendremos el camino de transformación para nosotros"

Operan juntos

Como describí al inicio del capítulo, en la trinidad hacen todo en unidad. En el apéndice del libro, te dejo muchas citas bíblicas para que repases y notes este patrón en la Palabra[89]. Es inspirador ver a los tres en acción continuamente y de forma asociada. Entre ellos no existe la competencia, se complementan en todo. Necesitamos aprender a operar juntos como ellos. Precisamos cambiar toda comparación entre ministerios y buscar la interconexión. Tenemos que realizarlo según su ejemplo, porque hemos sido diseñados conforme a su imagen y semejanza.

En el Cuerpo de Cristo hay distintos ministerios, roles y operaciones. Todos son necesarios. Sin embargo, no fueron diseñados para operar de forma aislada. Es como separar las piezas de un motor. No es suficiente con tener los elementos correctos, tienen que trabajar coordinados. Una parte potencia a la otra. Déjame hacerte algunas preguntas: ¿Ves a tus hermanos con otros dones como tu competencia o como tu complemento? ¿Acostumbras compararte con otros o anhelas aprender de los demás? ¿Compites con otros para ver quién tiene más fruto o te alegras cuando Dios usa a alguien más? ¿Te hace sentir inseguro la gracia de Dios en otras personas o inspira tu fe? ¿Ves el avance de otros como el tuyo propio o como un problema para ti?

Las respuestas a estos interrogantes son vitales para diagnosticar cuán cerca o lejos estás del diseño de Dios y su propósito de edificar una iglesia integral. No podremos desarrollar los cinco ministerios en plenitud si no resolvemos este asunto. Necesitas comenzar a ver a los demás como parte de tu mismo equipo y ejército. Sus triunfos son los tuyos y sus derrotas también. Si un miembro del cuerpo se duele, todo el organismo sufre. Y si uno es promovido, todos somos beneficiados.

"De manera que si un miembro padece, todos los miembros se duelen con él, y si un miembro recibe honra, todos los miembros con él se gozan".

1 Corintios 12:26

El egoísmo y la competencia dividen el Cuerpo. La humildad nos une al Padre y a la familia. Esta se manifiesta al reconocer nuestra dependencia de Él y del prójimo. Tenemos que aprender a movernos juntos, enfocados en Dios. Hay un principio clave en la Biblia que ha transformado nuestro ministerio y comunidad. Es el siguiente: *Cuando nos unimos a otro, no duplicamos nuestra efectividad, si no que la multiplicamos diez veces más.* Estas son las matemáticas del reino de Dios. Obsérvalo en la Palabra.

> ***"Cuando nos unimos a otro, no duplicamos nuestra efectividad, si no que la multiplicamos diez veces más"***

"¿Cómo podría perseguir ***uno a mil, y dos hacer huir a diez mil****, si su Roca no los hubiese vendido, y Jehová no los hubiera entregado?"*

Deuteronomio 32:30

(énfasis añadido por el autor)

Es decir que uno impacta a mil; y dos, a diez mil. Lo natural sería que dos puedan afectar a dos mil. Pero en el reino de Dios cuando te conectas con otros miembros del Cuerpo, multiplicas la efectividad. Por eso, en la trinidad hacen todo siendo uno. Y por el mismo principio, la iglesia integral se vuelve tan efectiva cuando funciona según el diseño sagrado.

Hemos traducido este valor a diversas áreas de nuestras vidas. Por ejemplo, desde que comencé a viajar ministerialmente, ya hace unos quince años, nunca lo he hecho solo. Hice este pacto con Dios de moverme siempre acompañado de otros. Cuando recibo una invitación, aclaro que alguien del equipo debe acompañarme. Muchas veces pagamos nuestros propios pasajes, por lo que este compromiso no ha sido fácil de honrar. Pero preferimos perder dinero, antes que efectividad, y mucho menos integridad. No solo lo hago por prudencia sino también por eficacia. Viajar con otros miembros del equipo ha potenciado nuestra tarea. Yo solo puedo con mil, pero cuando me uno a otro logramos diez veces más. Es más fácil hacer las cosas solos, pero es más duradero hacerlas acompañado. Las individualidades ganan partidos; los equipos, campeonatos.

Este mismo principio lo hemos hecho un valor innegociable en nuestro hogar. Hemos establecido el lema: *En esta familia hacemos todo juntos.* Luego de haber visto en varias temporadas a Satanás intentar dividir nuestra casa y matrimonio, hemos aprendido a dar lucha con armas espirituales. La trinidad es nuestro modelo. Desde que aprendimos a operar juntos en todo, nos hemos reconectado. Cada uno tiene su rol, sus gustos y tendencias, pero a donde va uno vamos todos. Aprendimos a fusionar nuestra agenda y movernos en equipo.

Unidad no es ser iguales, tampoco hacer o pensar lo mismo, sino que tiene que ver con aprender a caminar juntos mirando al mismo. En nuestra diversidad, somos reunidos cuando nos enfocamos en Cristo. Y los cinco ministerios nos revelan distintas facetas de Jesús. No hay forma de desarrollarlas plenamente, si no nos conectamos con otros. Necesitamos ser uno, como ellos son uno. Y no hay manera de alcanzarlo si no aprendemos a operar juntos.

"Unidad no es ser iguales, tampoco hacer o pensar lo mismo, sino que tiene que ver con aprender a caminar juntos mirando al mismo"

Se honran mutuamente

Como ya expliqué, la honra es otra de las características claves de la dinámica de la trinidad. Medita en estos versículos:

"Pero cuando venga el Espíritu de verdad, él os guiará a toda la verdad; porque no hablará por su propia cuenta, sino que hablará todo lo que oyere, y os hará saber las cosas que habrán de venir. ***El me glorificará****; porque tomará de lo mío, y os lo hará saber. Todo lo que tiene el Padre es mío; por eso dije que tomará de lo mío, y os lo hará saber".*

Juan 16:13-15*

"Estas cosas habló Jesús, y levantando los ojos al cielo, dijo: Padre, la hora ha llegado; ***glorifica a tu Hijo****, para que también tu Hijo* ***te glorifique a ti****".*

Juan 17:1*

*"****Yo te he glorificado en la tierra****; he acabado la obra que me diste que hiciese. Ahora pues, Padre,* ***glorifícame*** *tú al lado tuyo, con aquella gloria que tuve contigo antes que el mundo fuese".*

Juan 17:4-5*

(*énfasis añadido por el autor)

El común denominador en la forma de relacionarse entre ellos, es que cada uno busca la gloria del otro. Déjame imaginar una charla interna en la trinidad. Así interpreto estos versículos en mi idioma. El Espíritu Santo está hablando con el Hijo y le dice:

—Jesús, qué maravilloso ese momento en que moriste en la cruz, cuando dijiste: "Consumado es". ¡Qué instante tan épico! Quiero honrarte, bendecirte y glorificarte, porque lo que has hecho es determinante para que los planes del Padre se cumplan.

Entonces, imagino a Jesús respondiéndole:

—Espíritu Santo, gracias por tus palabras, pero verdaderamente para mí el instante más épico fue cuando te derramaste en Pentecostés. ¡Qué irrupción gloriosa! Gracias a esa acción, lo que he hecho en la cruz cobra mucho más sentido. Te glorifico, honro y celebro por esto.

Estoy jugando con mi imaginación, pero es mi forma de interpretar la relación entre ellos. Así traduzco estas expresiones de *"me glorificará"*. Pero mientras ellos están honrándose uno al otro, llegan a la conclusión que quien envió a Jesús y al Espíritu ha sido el Padre. Entonces exclaman casi unánimemente:

—Padre, te honramos y glorificamos a ti, eres digno de todo honor. Todo esto es por tu voluntad y nuestro mayor deleite es exaltarte con nuestras acciones.

Como la Palabra también nos enseña que el Padre los glorifica, pienso que Él respondería algo así:

—Yo los honro a ustedes por su obediencia y poder. Los voy a glorificar y celebrar siempre...

"La honra es el idioma del reino de los cielos"

Así podríamos seguir y seguir. Cada miembro de la trinidad se enfoca en glorificar al otro. Y Jesús nos dice: *sean uno, así como nosotros.* No podemos ser uno si no aprendemos a honrarnos unos a otros. La honra es el idioma del reino de los cielos. Necesitamos vivir para ver al otro crecer. Estimar al prójimo como superior a nosotros mismos. Glorificar significa ensalzar o alabar a una persona, hacerla digna de honor, prestigio o fama. Esta debe ser la dinámica entre los distintos ministerios en el Cuerpo de Cristo. Jesús no puede ser formado en nosotros si no aprendemos a honrarnos y celebrarnos.

El Señor vivió modelando este estilo de vida. Promovió a todos, les dio prestigio, fama y honra. A Pedro lo ascendió a pescador de hombres; a Mateo, a administrador del reino; a Juan, a discípulo íntimo. A los pecadores los promovió a santos; y a los esclavos, a reyes. No consultó su pasado para hacerlo, sino que se enfocó en su destino. Nos enseñó un principio: "todo lo que honramos lo activamos". Necesitamos ver el oro en las personas y sacarlo a la superficie. Esta es la forma en que se construye la iglesia integral. En el mundo, unos se enseñorean sobre otros, para crecer necesitas aplastar al que tienes al lado. Pero entre nosotros no debe ser así[90]. Aquel que quiera ser el primero debe convertirse en servidor de todos.

Para vivir una cultura de honra necesitamos aprender a gozarnos con los que se gozan y llorar con los que lloran[91]. He aprendido que es más fácil sentir empatía por la tristeza del otro que alegrarnos en sus victorias. Las pruebas y problemas de los demás nos sensibilizan porque no ponen en riesgo nuestra seguridad. Al ver tropezar a alguien que consideramos competencia, en ocasiones, hasta llegamos al punto de que nos genere cierto alivio. Esto es cultura del reino de las tinieblas. Por esto, la mayor prueba de tu corazón con respecto a otros, es cuando aprendes a alegrarte en sus triunfos, éxitos y promociones. Necesitas convertirte no solo en un hombro sobre el cual las personas tristes lloran, sino en la primera opción que un hermano tenga para comunicarse cuando algo hermoso le sucede. Así es en la trinidad y debe ser igual entre nosotros.

La envidia no es un problema con el otro sino con Dios. Nos enojamos con el prójimo, pero en el corazón no entendemos por qué Dios le está dando a él lo que anhelamos para nosotros. Toda crisis de relaciones interpersonales manifiesta un problema espiritual de fondo. Por esta razón tenemos que aprender a celebrar a aquellos que usualmente envidiamos. Esta es la manera de erradicar este virus mortal que divide el Cuerpo y debilita el diseño de los cinco ministerios.

En nuestra comunidad de fe y familia, hemos decidido hacer del valor de la honra un estilo de vida. Somos intencionales y explícitos a la hora de celebrar y gozarnos con las alegrías del otro. Esto ha traído el ambiente del cielo a nuestro medio. Vivimos honrándonos y promoviéndonos. Festejamos los triunfos y avances de cada miembro de la casa. Nos hacemos regalos y demostramos generosidad. Por esta razón, los ministerios se interconectan y fluyen de manera orgánica. Aprendemos unos de otros y nos complementamos. La trinidad es nuestro modelo y anhelamos que así como es en el cielo sea en la tierra.

Se aman entre ellos

Una última característica que he descubierto al estudiar la trinidad en la Biblia, es que no solo hacen todo en unidad y se honran constantemente, sino que se aman.

*"**Como el Padre me ha amado**, así también yo os he amado; permaneced en mi amor".*

Juan 15:9*

*"Yo en ellos, y tú en mí, para que sean perfectos en unidad, para que el mundo conozca que tú me enviaste, y **que los has amado a ellos como también a mí me has amado**".*

Juan 17:23*

(*énfasis añadido por el autor)

Nuestro modelo de amor es la trinidad. Jesús dice que debemos amarnos así como ellos se aman[92]. Este no es un afecto romántico ni condicional. Pablo escribe acerca de esta clase de vínculo a los corintios:

"El amor es sufrido, es benigno; el amor no tiene envidia, el amor no es jactancioso, no se envanece; no hace nada indebido, no busca lo suyo, no se irrita, no guarda rencor; no se goza de la injusticia, mas se goza de la verdad. Todo lo sufre, todo lo cree, todo lo espera, todo lo soporta".

1 Corintios 13:4-7

Esta clase de amor une al ejército y asegura su efectividad. Si logramos lubricar todo lo que hemos aprendido sobre los cinco ministerios con este tipo de unión entre nosotros, nos estaremos acercando aceleradamente al modelo de iglesia integral que derribará las puertas del infierno. La exhortación no es a que nos entendamos unos a otros o que pensemos igual para que el mundo crea sino que seamos uno, y no podemos lograrlo si no nos amamos de esta manera. Permíteme hacerte algunas preguntas para evaluar cómo estás operando en esta área. Me gustaría que pienses en tu comunidad de fe, donde Dios te plantó y estableció.

¿Estás dispuesto a sufrir por la iglesia? *El amor es sufrido.*
¿Estás dispuesto a hacer el bien cuando alguien te haga el mal? *El amor es benigno.*
¿Estás dispuesto a dejar de compararte y competir con hermanos que tienen distintos dones o ministerios? *El amor no tiene envidia.*
¿Estás dispuesto a dejar el orgullo de creer que tu llamado es superior al del resto? *El amor no es jactancioso.*
¿Estás dispuesto a despojarte de tu propia manera de pensar, aceptando que otros también pueden tener razón? *El amor no se envanece.*
¿Estás dispuesto a dejar de criticar y desear el mal a los que no tienen tu ministerio o no ven las cosas como tú las ves? *El amor no hace nada indebido.*
¿Estás dispuesto a pensar, velar y trabajar por las asignaciones y

áreas de otras personas distintas a las tuyas? *El amor no busca lo suyo.*

¿Estás dispuesto a dejar el enojo cuando no se hacen las cosas como tú quieres o no entienden tu llamado? *El amor no se irrita.*

¿Estás dispuesto a perdonar y olvidar las heridas que te causaron en la iglesia en el pasado? *El amor no guarda rencor.*

¿Estás dispuesto a ayudar con paciencia a otros cuando cometen errores y guiarlos a la verdad con ternura, amor y autoridad? *El amor no se goza en la injusticia, mas se goza de la verdad.*

¿Cuál es tu límite a la hora de amar la iglesia donde Dios te colocó, sirviendo a las autoridades espirituales y miembros del Cuerpo? *El amor todo lo sufre, todo lo cree, todo lo espera, todo lo soporta.*

Para ver los cinco ministerios restaurados en la iglesia necesitas conducirte con estos principios. Cada vez que operamos con este amor, podemos estar convencidos que Dios estará obrando aunque no lo podamos ver. Dios es amor, y cuando amamos lo manifestamos.

"Nadie jamás ha visto a Dios; pero si nos amamos unos a otros, Dios vive en nosotros y su amor llega a la máxima expresión en nosotros".

1 Juan 4:12, NTV

Así como ellos se aman, debemos amarnos entre nosotros. En mi matrimonio hemos hecho de este aspecto nuestro compromiso sagrado. Por muchos años tuvimos estas declaraciones de la dinámica de la trinidad, escritas en un papel en nuestro refrigerador, para verlo todos los días (ahora están grabadas en nuestros corazones).

En esta familia haremos todo juntos.
En esta familia nos honraremos continuamente.
En esta familia nos amaremos incondicionalmente.

Quizá pueda servirte tenerlas anotadas para recordar todos los días el modelo celestial, hasta que lo hagas un estilo de vida. En nuestro ministerio vivimos practicando estos tres principios. La palabra "cultura" deriva de la palabra "cultivo". Si a través de los años te mantienes sembrando acciones, palabras y pensamientos que afirmen estas verdades, se establecerá una cultura. La atmósfera de nuestras comunidades estará gobernada por la idea de Dios de iglesia. No solo habremos identificado los cinco ministerios, sino que estarán interconectados. Y cuando la cultura del reino se establece en una comunidad, Cristo es formado y visto en las personas.

Intimidad y comunidad

El desafío de restaurar los cinco ministerios comprende tu vida de intimidad (ámbito personal) y de comunidad (familia e iglesia). En mi libro *El poder trasformador de la devoción extrema* he desarrollado la siguiente premisa: "Todo lo que nace en intimidad y se nutre en comunidad, transforma la realidad". Estas son las tres dimensiones de la iglesia integral: Personas que cultivan su vida de intimidad, que fortalecen sus vínculos en comunidad y que, de esta manera, afectan la realidad externa de los lugares y ciudades donde fueron plantadas. Estas son las áreas que el enemigo buscará debilitar. Si no logra frenar tu vida de intimidad con Dios, intentará desconectarte de los demás. Si fracasa en tu dinámica de iglesia en conexión con otros, tratará de disminuir tu efecto de transformación en la ciudad. Si logras crecer coordinadamente en las tres áreas, estarás viviendo el diseño de iglesia que Dios pensó.

Cuando se te revela el modelo integral de los cinco ministerios, debes comenzar a trabajar para desarrollarlo tanto en tu vida personal como en tu familia y comunidad. Pequeños grupos que vivan estas dinámicas harán avanzar el reino de Dios de manera inmensurable. Esta es la razón por la que elegí terminar este libro hablándote de unidad. Cuando el enemigo no puede frenar algo, trata de dividirlo. En muchos lugares los cristianos están entendiendo la relevancia de los cinco ministerios. Sin embargo, no logran conectarse con otros, y menos vincularse sanamente con aquellos que tienen otra asignación. Jesús describió esta realidad de forma contundente y explicó las trágicas consecuencias de la fragmentación.

"Pequeños grupos que vivan estas dinámicas harán avanzar el reino de Dios de manera inmensurable"

"...Todo ***reino*** *dividido contra sí mismo, es asolado;*
y una ***casa*** *dividida contra sí misma, cae".*

Lucas 11:17b

(énfasis añadido por el autor)

Fíjate cómo el mismo principio aplica tanto para nuestros hogares como para el ejército de Dios. El Señor detalla estos dos niveles de desunión: casa y reino. La estrategia de Satanás para los últimos tiempos es dividir todo. Nunca hemos presenciado este espíritu de pleito y confrontación tan avivado como en nuestra era. Grietas políticas en las naciones, enemistad racial y étnica, segmentación de clases sociales y odio por todos lados. El diablo sabe que todo lo que se divide cae. El problema es que esta maldición está afectando nuestras comunidades de fe. Sutilmente el pueblo de Dios está siendo fragmentado tanto en sus congregaciones locales como entre los ministerios. Cada uno busca su propio éxito sin conectarse con los demás. El aspecto apostólico del reino está siendo bombardeado por este espíritu dañino. Tenemos una batalla por librar y Dios está adiestrándonos para la victoria.

Si logras aplicar estos principios de la trinidad a tu familia natural y espiritual, verás cómo las armas que Dios te dio destruyen fortalezas. Como una pequeña porción de levadura, la cultura del reino, terminará afectando toda la masa. El Padre tiene un deseo y plan, y será llevado a cabo. Mientras el enemigo está utilizando toda su artillería para dividir a la humanidad, los designios irrevocables de Dios están en marcha.

"Dándonos a conocer el misterio de su voluntad, según su beneplácito, el cual se había propuesto en sí mismo, ***de reunir todas las cosas en Cristo****, en la dispensación del cumplimiento de los tiempos, así las que están en los cielos, como las que están en la tierra".*

Efesios 1:9-10

(énfasis añadido por el autor)

Se acerca el tiempo en que el Padre va a reunir todo en Cristo. La derrota del reino de las tinieblas es inminente. El golpe definitivo será en la segunda venida de Jesús, pero Dios dispuso tirar varias veces al enemigo a la lona a través de su iglesia en nuestra era. No quiero sonar ingenuo, la batalla será durísima a medida que se acerca el día del Señor. Muchos caerán en el camino, pero habrá un remanente que perseverará hasta el fin. Lo que nos conducirá hasta ese momento final será el diseño de iglesia integral. Las cinco características de Cristo perfeccionadas en todos los santos, a través de los cinco ministerios en acción. Comunidades de fe que hacen todo unidas, se honran constantemente y se aman incondicionalmente, sellarán este diseño haciéndolo imbatible. Las puertas del infierno no prevalecerán contra la iglesia. Un ejército de verdaderos cristianos se manifestará. El Padre responderá la oración de Jesús y experimentaremos la perfecta unidad. El modelo de la trinidad se replicará en discípulos fieles que pagarán el precio de acompañarse, honrarse y amarse hasta el final. Y así como es en el cielo, en la tierra también se verá.

CONCLUSIÓN

Hemos llegado al final de este apasionante recorrido por el diseño de Dios. Este modelo de comunidad de fe que no falla ha sido comprobado a lo largo de la historia. Es poderoso y transformador. Aunque el humanismo intenta alterar los planos con ideas postmodernas de lo que una iglesia debe ser y hacer, seguimos teniendo a disposición los bocetos originales. Más que redefinir su significado, necesitamos restaurar nuestras raíces. La iglesia integral que constituyó Jesús tiene la capacidad de ser efectiva en cada generación, cultura y contexto. Cuanto más oscura sea la Cesarea de Filipo actual, más brillará esta idea gloriosa. No existe tierra donde este diseño del reino no fructifique. Las puertas del infierno no pueden prevalecer contra aquellos que se alinean al formato original. Nos urge reformar nuestras dinámicas según las áreas que Jesús estableció.

Quisiera afirmar algunos de los conceptos más importantes que hemos aprendido. El verdadero cristianismo tiene que ver con discípulos formados a la imagen de Cristo. Las buenas nuevas son que Jesús no solo murió en la cruz para rescatarnos de la condenación eterna, sino para hacernos como Él. Sí, podemos ser transformados a la naturaleza del Hijo y un día alcanzaremos esta meta sagrada. Esto no es un evento sino un proceso consciente e intencional, en el que el Espíritu Santo está dispuesto a colaborar y a potenciar la obra si nosotros hacemos nuestra parte. La meta sublime de todo hijo de Dios es llegar a ser como Cristo para que Él sea el primogénito de muchos hermanos. Para esto necesitamos experimentar un avivamiento de profundidad. La religiosidad superficial deforma y contamina la imagen de Jesús en nosotros.

Dios estableció un modelo de cinco ministerios, para que las personas crezcan a la medida de la estatura del Varón perfecto. Estos son ríos, influencias, dinámicas, áreas y columnas que, si las trabajamos, nos acercarán al objetivo celestial. Más que cinco personas específicas en una plataforma, son cinco características de Cristo que todos debemos desarrollar. Dios levanta a algunos, para perfeccionar a todos. Su propósito final es que cada integrante de la comunidad alcance la unidad de la fe y el conocimiento pleno del Hijo. En su Palabra, nos ha dejado modelos de iglesias, como la de Antioquía, donde estas dinámicas estaban activas y crecientes. En lugares como ese, las personas incrédulas llamaron a los discípulos "cristianos" por primera vez, ya que veían a Cristo formado en ellos y les daban esperanza de gloria.

Estas cinco áreas tienen una faceta de asignación ministerial, en la que el Espíritu da dones y autoridad a referentes que tienen la responsabilidad de entrenar a todos los santos. Pero nos hemos enfocado en que más allá del llamado ministerial, hay un nivel básico y esencial en el que cada creyente debe desarrollar estas cinco dinámicas para ser como Cristo. Cada aspecto nos otorga una característica del Señor disponible para todos. Ha sido asombroso ver los cinco ministerios en Jesús y su invitación a desarrollarlos en nosotros. Seguramente te has enamorado más de Él, y en ese proceso estás siendo transformado, porque cuando lo miramos fijamente, nos volvemos como Él.

El ministerio pastoral nos otorga el corazón, y por lo tanto el carácter de Cristo. El bíblico, la sabiduría y su mente. El profético, su sensibilidad y pasión, y desarrolla en nosotros sus sentidos: oídos, ojos, gusto, olfato y tacto. El evangelístico nos da su compasión, y entonces podemos ser sus manos y sus pies. El apostólico nos imparte la madurez de Jesús, y de esta manera desarrollamos un organismo integral capaz de vincular cada miembro del Cuerpo, y sobre todo hacerlo con la cabeza.

También hemos profundizado en la necesidad de interconectar estos ministerios. Si alguna de estas áreas no está presente, una parte de Cristo está ausente. Necesitamos enfocarnos en los músculos débiles del Cuerpo y ejercitarlos intencionalmente. Identificar cuál de estas dinámicas te cuesta más y establecer un plan práctico de entrenamiento, te hará acercarte al propósito de Dios de ir creciendo a la medida de su estatura. Quiero animarte a que tomes cada consejo práctico planteado al final de los capítulos y lo hagas tu rutina de preparación cotidiana. Dios está en el asunto de perfeccionar a los santos y nos dejó el esquema de cómo llevará a cabo su deseo. A medida que se acerca el día glorioso de Jesucristo, su obra será afinada hasta que quede completa.

Jesús ha orado al Padre por una perfecta coordinación de estas columnas en cada comunidad de fe. Nos guio a observar el modelo de la trinidad para lograrlo. Haciendo todas las cosas en unidad, honrándonos constantemente y amándonos incondicionalmente, nos volveremos uno así como ellos son uno. Este diseño funciona tanto en familias como en iglesias. Una casa o un reino que sean edificados con estos principios permanecerán en pie en todas las temporadas, no serán asolados ni caerán.

Has visto los planos, ahora es tiempo de edificar. Estamos en una era en que la iglesia está siendo bombardeada por fuego enemigo pero también interno, ya que consciente o inconscientemente, muchos están siendo funcionales al propósito de aquel que quiere debilitarla y frenarla. Pablo se refirió a ellos como los *"mutiladores del cuerpo"*[93]. En el otro extremo del cuadrilátero, tenemos a los *"defensores del cuerpo"*. Aquellos que van a servir y restaurar a la Novia del Cordero utilizando las herramientas que Él nos dio. Este ejército de amigos del Esposo, hermosearán a la Novia antes de las bodas. Y tú, ¿de qué lado estás?

"Cuando uno es activado, muchos son despertados"

El plan de Dios para restaurar a las naciones será llevado a cabo en sociedad con comunidades de fe conforme al diseño original. Debes empezar personalmente, desarrollando estas características en ti para adquirir la autoridad de multiplicarlas en otros. Cuando uno es activado, muchos son despertados. La restauración corporativa comienza con la individual. Ese es el primer paso que debes dar. Recuerda que todo lo que nace en intimidad y se nutre en comunidad, transforma la realidad.

Tengo la convicción que Dios quiere devolverle la forma original a la iglesia. Esta reforma ya no será realizada por algunos personajes aislados, sino por un ejército de mensajeros y edificadores que no callarán el mensaje y trabajarán arduamente. Si tienes este libro en tus manos y has llegado hasta aquí, significa que el Espíritu Santo te está reclutando para la tarea. ¿Puedes sentir el llamado en tu corazón? Este celo interno que estás experimentando ahora te llevará a entregarte por la iglesia como lo hizo Jesús, para amarla y purificarla. Eres parte de la revolución que está por desatarse en las naciones. Ya hemos visto movimientos poderosos de ministros y ministerios aislados, pero está llegando el tiempo del avivamiento de la iglesia integral.

Oro para que esta conversación con Dios haya intensificado tu amor por la iglesia y también tu compromiso a colaborar con su edificación y restauración. Es mi clamor que el Espíritu Santo siga abriendo tus ojos para ver y comprender el modelo completo. Que te vuelvas un reformador, redificador y defensor del Cuerpo. Anhelo que sientas el privilegio sublime de pertenecer a una comunidad de fe y ser parte de aquella idea que Jesús tuvo hace dos mil años atrás. Hoy caminamos por fe, pero muy pronto te darás cuenta que ser parte de este ejército es el mayor regalo de gracia que Dios te pudo otorgar. La iglesia será revindicada y recompensada pronto. El que comenzó la buena obra será fiel en completarla. Y cuando esto suceda, tendrás el privilegio de ser uno de aquellos que no solo aceptaron a Jesús, sino que abrazaron su plan.

Oración final

Gracias Padre, por Jesucristo. Gracias por el modelo que nos has dado en Él.

Gracias Padre, por el Espíritu Santo, que nos ayuda cada día a ser transformados en la imagen de Cristo y colaborar con la restauración de tu Novia hasta que llegue el día.

Gracias Padre, por la iglesia. Por el privilegio de pertenecer a esta idea gloriosa que nos hace como Jesús.

Gracias Padre, por el Cuerpo de Cristo. Por cada hermano redimido con tu sangre que está siendo guiado por ti para transformarse en ese ejército que va a detener el infierno y establecer tu reino.

Gracias Padre, por el reino, porque está avanzando en las naciones y pronto veremos la realidad del cielo llenando toda la tierra como las aguas cubren el mar.

Gracias Padre, por tus promesas y profecías para los últimos tiempos. Podemos creer que en medio de la mayor oscuridad en la tierra y las naciones, tu luz brillará y tu gloria se manifestará.

Gracias Padre, por el diseño que nos has dejado de los cinco ministerios.

Gracias por tu modelo para que Cristo sea formado y visto en nosotros.

Gracias por el avivamiento que viene. Nos comprometemos a abrazar a Jesús y sus planes, y ser protagonistas del tiempo de visitación que traes sobre la humanidad.

Decimos sí y amén a todo lo que nos has hablado, vamos a responder, seremos y edificaremos una IGLESIA INTEGRAL.

A ti sea la gloria por los siglos de los siglos. Amén.

REFERENCIAS

Capítulo 1

1. Santiago 2:19
2. 1 Juan 3:2
3. Hechos 13:1
4. Filipenses 3:5
5. Filipenses 1:6
6. Daniel 12:3
7. Apocalipsis 17:5
8. Daniel 12:3
9. Jeremías 23:20
10. Joel 2:28
11. Lucas 18:7-8
12. Mateo 24:14
13. Apocalipsis 14 y 15
14. 1 Timoteo 4:1

Capítulo 2

15. 1 Corintios 4:1
16. Hechos 1:3
17. Hechos 2:46; 5:42
18. Hechos 2:47
19. Juan 10:27
20. 1 Timoteo 2:5
21. 1 Corintios 14:3
22. Apocalipsis 1:6
23. 1 Corintios 4:1
24. Lucas 2:46-47
25. 1 Corintios 3:10
26. 1 Corintios 4:1
27. 1 Corintios 4:15
28. Hebreos 5:14
29. Romanos 10:17
30. Juan 17:3

Capítulo 3

31. Hebreos 5:8
32. Apocalipsis 5:10
33. Isaías 14:12-15; Ezequiel 28:13-17
34. Génesis 9:20-27
35. Levítico 10:1-2
36. Números 12
37. Números 16

Capítulo 4

38 Mateo 4:4b
39 2 Corintios 3:6
40 1 Juan 2:27
41 1 Tesalonicenses 5:19; Efesios 4:30
42 Apocalipsis 2:4-5
43 Efesios 5:19
44 Proverbios 23:7
45 Mateo 5:18
46 Romanos 10:17
47 Efesios 5:19

Capítulo 5

48. Juan 10:27
49. Joel 2:28
50. 1 Corintios 14:5, 31
51. 1 Reyes 17:1
52. Efesios 6:12; 2 Corintios 10:4
53. Apocalipsis 2:4-5
54. 1 Corintios 13:11; Efesios 4:14; 1 Corintios 3:1-3; Hebreos 5:12
55. Efesios 1:17
56. Joel 2:28
57. Marcos 11:17
58. Lucas 11:2
59. Hechos 2:46; 5:42
60. 2 Reyes 2:3-5
61. 1 Samuel 19:18, 20
62. Hebreos 1:2; Hechos 2:14-21
63. Apocalipsis 1:3
64. Apocalipsis 19:10

Capítulo 6

65. Lucas 19:10
66. Juan 20:21
67. Juan 14:12
68. 1 Corintios 12:4-6
69. Efesios 1:16-22
70. Mateo 16:22
71. Hebreos 1:14
72. Romanos 11:22
73. Lucas 4:1

Capítulo 7

74. Hebreos 3:1
75. 1 Timoteo 4:1; 2 Tesalonicenses 2:3
76. Romanos 11:25
77. 1 Corintios 15:51; Apocalipsis 10:7
78. Efesios 1:9-10
79. Efesios 3:3-6
80. Efesios 5:32
81. 2 Tesalonicenses 2:7; Apocalipsis 17:5
82. 1 Timoteo 3:16
83. Hechos 17:2
84. Génesis 1:26
85. Génesis 5:3
86. Isaías 9:6
87. Juan 14:18

Capítulo 8

88. Sennewald, Mariano. *"Las pasiones del corazón de Dios"*, pág. 148.
89. Génesis 1:26; Lucas 1:35; 3:21-22; 1 Pedro 1:2; 2 Corintios 1:21-22; 13:14; Gálatas 4:4-6; Efesios 2:18
90. Mateo 20:25-28
91. Romanos 12:15
92. Juan 15:9
93. Filipenses 3:2

PILARES FUNDAMENTALES:

Intimidad | Biblia
Iglesia | Carácter | Liderazgo
Últimos tiempos
Cultura de Reino
Gran comisión

ENTRENANDO HIJOS DE DIOS PARA MANIFESTAR EL REINO ETERNO EN LAS NACIONES

ENTRÉNATE CON NOSOTROS

Activa tu propósito

Capacitación técnica, teológica y práctica en un entorno de adoración, intimidad con Dios, comunión con el Espíritu Santo y pasión por Jesús. Nuestras opciones de entrenamiento son las siguientes:

MODALIDAD PRESENCIAL

MODALIDAD ONLINE

MODALIDAD PRESENCIAL

CARRERA DE LIDERAZGO
Entrenando líderes llenos del Espíritu Santo y pasión por Jesús, que amen y guíen a otros a su destino de gloria.
Duración: 3 años.

CARRERA DE ADORACIÓN
Entrenando ministros que, a través de la música y la adoración, lleven a la Iglesia a experimentar la Presencia de Dios.
Duración: 3 años.

CARRERA DE MEDIOS AUDIOVISUALES
Entrenando comunicadores del corazón de Dios que manifiesten los diseños del cielo en la tierra a través del arte digital.
Duración: 2 años.

NUEVA GENERACIÓN
6 A 11 AÑOS - *Online y Presencial*
Entrenando niños llenos del Espíritu Santo para que sean adoradores e intercesores en esta generación.
Duración: 2 años.

GENERACIÓN EMERGENTE
12 A 17 AÑOS - *Online y Presencial*
Entrenando adolescentes que manifiesten con creatividad el corazón de Dios a esta generación.
Duración: 2 años.

***INICIO DE CLASES:* Marzo y Agosto**

CARRERA MINISTERIAL

La CARRERA MINISTERIAL ONLINE tiene como propósito equipar hijos e hijas de Dios proveyéndoles herramientas que transformen su interior y los impulsen a preparar a otros. Descubre cuál es tu asignación dentro del plan eterno de Dios y prepara a la Iglesia para el gran día del regreso de Cristo.

Duración: 3 años.
INICIO DE CLASES: ***Marzo y Agosto***

CURSOS

¡Transfórmate en un mensajero del Reino para tu comunidad! Potencia tu intimidad con el Espíritu Santo, apasiónate más por las Escrituras, aprende cómo guiar a otros a su destino de gloria y crece en entendimiento y pasión por el regreso de Cristo.

Hazlo a través de los cursos online o sé parte de nuestra membresía (obteniendo acceso a todos nuestros cursos disponibles mensualmente), estudiando desde tu casa según tu disponibilidad.

- **Apocalipsis**: La revelación de Jesús en los últimos tiempos
- **Liderazgo espiritual**
- **Restaurando los cinco ministerios en el Cuerpo de Cristo**
- **Ministerio profético**
- **Experiencias con el Espíritu Santo**
- **Introducción a los últimos tiempos**
- **Liderazgo y discipulado**
- **Carácter de Reino**

www.misiononline.com

Respondiendo al llamado de Dios de una manera radical

Carrera enfocada a personas que residen fuera de Buenos Aires y anhelan vivir la experiencia de apartarse para entrenarse en un contexto de pasión por Dios, experimentando la cultura del Reino de forma práctica e intensiva. El objetivo del programa es que los estudiantes descubran su ministerio específico, activen sus dones y habilidades, y se conviertan en agentes de transformación para su iglesia local, ciudades y naciones.

Es un proceso apasionante, donde cada persona es restaurada, encendida, activada y enviada al cumplimiento del propósito de Dios a través de su iglesia y en las naciones.

El entrenamiento cuenta con: clases ministeriales, devocionales de adoración y comunión con el Espíritu Santo, disciplinas espirituales (intercesión, ayuno, evangelismo, compasión), involucramiento en una iglesia local y convivencia con otros alumnos de distintas ciudades y naciones.

Duración (programa completo): 3 años.
*INICIO DE CLASES: **Marzo.***

Para más información: www.misioninstituto.com

Adoración e intercesión 24hs.

Síguenos en vivo por YouTube:
/ MiSion CEM

Somos una familia que anhela manifestar el Reino eterno de Dios en las naciones a través de la música profética.

- PROGRAMAS -
CONGRESOS, JORNADAS Y ACTIVIDADES

Intimidad con el Amado

Intimidad con el Amado es un congreso de adoración apasionada que nació con el propósito de acercar a la Iglesia al corazón de Dios y conocerlo en intimidad.

- Mes de Julio -

Jesús el placer superior

Dos días de intimidad y pasión por Jesús. Para la Iglesia de los últimos tiempos, Dios está revelando la belleza y gloria de Jesús de manera única y extraordinaria.

- Mes de Febrero -

Generación inconmovible

Vive una semana de entrenamiento intensivo, intimidad con Jesús y activación en el propósito de Dios para las naciones y para la Iglesia de este tiempo.

- Mes de Febrero -

Entérate de otras actividades, ingresando a nuestro sitio web:
www.misioninstituto.com

OTROS LIBROS DEL AUTOR

El jardín de la amistad

La intimidad con Dios no es un mover ni un mensaje contemporáneo, tampoco son determinadas canciones, es un lugar en donde debemos decidir habitar cada día. Es el hogar al que pertenecen todos aquellos que fueron alcanzados por el amor eterno de Dios. Es la tierra en la que cada semilla incorruptible es plantada y da fruto abundante. Es allí donde somos procesados para que la esencia correcta salga de nosotros y se manifieste.

Adquiérelo en formato físico y digital a través de www.misioninstituto.com/tienda-online

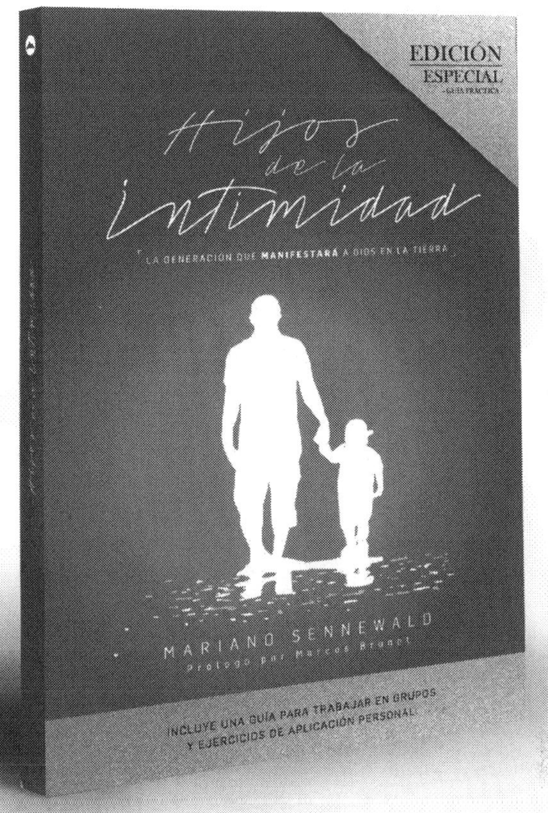

Hijos de la intimidad

Hay una generación que está por manifestarse. Ellos no nacen de normas, reglamentos y principios de hombres. Son revolucionarios que serán dados a luz en intimidad. Dios alumbrará a cientos, que manifestarán la esencia del corazón del Ser no creado a la humanidad. No los busques en la multitud, están perdidos en los negocios del Padre. Son los herederos de la eternidad, son "Hijos de la intimidad". Sé parte de la generación que manifestará a Dios en la tierra.

Adquiérelo en formato físico y digital a través de
www.misioninstituto.com/tienda-online
*También disponible en inglés.

El poder transformador de la devoción extrema

¿Deseas ver personas, ambientes y naciones afectadas a través de tu vida? ¿Quieres ver a tu generación transformada por Dios y no sabes por dónde empezar? A través de "El poder transformador de la devoción extrema", tu relación con Dios será potenciada alcanzando dimensiones espirituales extraordinarias. Experimentarás las consecuencias que producen aquellos que cultivan un estilo de vida de pasión radical por Dios en las demás personas, en los ambientes, en las naciones y generaciones. Descubrirás, a través de la Palabra de Dios, cómo tu entrega en lo secreto desata un poder profético, mundial y generacional.

Adquiérelo en formato físico y digital a través de
www.misioninstituto.com/tienda-online

Las pasiones del corazón de Dios

Cuando conversas con alguien, rápidamente puedes reconocer aquello que le apasiona, porque habla de eso con fervor. Si las Escrituras son un diálogo íntimo con Dios, ¿cuáles son los temas que Él menciona con pasión desbordante? ¿Qué cosas son las que Dios más nombra y enfatiza? ¿Qué aspectos dice la Palabra que Dios anhela expresamente? A través de este libro descubrirás siete áreas que apasionan el corazón de Dios. Estas pasiones se convertirán en la meta de tu ser, una guía de oración e intercesión, un mapa de acción, un plan ministerial, un itinerario para el viaje de la vida y un celo santo por ver a otros desarrollar corazones conforme al de Dios.

Adquiérelo en formato físico y digital a través de
www.misioninstituto.com/tienda-online
*También disponible en inglés.

CONTACTO

editorial@misioninstituto.com
www.misioninstituto.com
Benavidez 280 | Monte Grande
Buenos Aires, Argentina
+54 9 11 3090-3522

MISION / Centro de Entrenamiento

mision_instituto

MiSion CEM

Mariano Sennewald

mariano_sennewald

mgsennewald

Made in the USA
Columbia, SC
17 June 2024

37220752R00146